多摩川あそび

多摩川上流と支流（秋川）

多摩川中・下流

多摩川あそび

はじめに

ギュウギュウ詰めの通勤電車の中で、ドアに張り付いて、窓から多摩川を見る。朝、まだ眠い目をこすりながら、「あ～、自然の中で遊びたいな～」と思う。そんなサラリーマンは多いはず。

東京都と神奈川県の人口過密地帯を流れる多摩川。ここを、下流から上流に向かって、京浜急行線、東海道線、横須賀線、東海道新幹線、東急線、小田急線、南武線、京王線、中央線、五日市線、そして、首都高、産業道路、国道一号線、綱島街道、第三京浜、東名高速、鶴川街道、鎌倉街道、中央高速、甲州街道といった多くの鉄道や幹線道路が渡っており、毎日、何十万、何百万という通勤者や学生が、通り過ぎている。計り知れない数の人が、電車や自動車の中から多摩川を見ている。

窓から見える水と緑の自然空間は、川の流れに沿ったベルト地帯として、秩父多摩の山奥まで続く。下流域は、河川敷が公園やグランドなど多目的に利用されているが、中流域は、自然の河原も広がり、野鳥の楽園のような場所もある。さらに、上流域は、下流の様相からは想像もできない美しい渓谷や天然林の山岳地帯の流れとなっていく。実は、多摩川は、非常に変化に富んだ自然のフィールドなのである。

川は、自然が豊かだ。水のあるところ、多様な草木があり、それを求め昆虫や動物も集まる。人間だって、近くで水の流れを見ていると気持ちがいい。

多摩川やその付近ではいろんな遊びができる。釣りやボート、水遊び、バーベキュー、ハイキング、サイクリング、バードウォッチング、あげればきりがない。どの遊びも楽しく、気持ちをリフレッシュしてくれる。

例えば、美しい渓流での大イワナとの格闘、ブナの原生林の散策、2000メートル級の本格登山、水の中で魚を見る、バードウォッチングで可愛い野鳥に会う、専用コースでの快適なサイクリング、子どもと水遊びで魚を捕る、化石を探すなど「ここが東京？」と疑いたくなるような楽しみがたくさんある。電車の中で、押されて身動きがとれない状態とは、同じ東京でも天と地の違いだ。

「自然の中で遊びたい」と思っていても、サラリーマンの場合、会社勤めの悲しさ、自然の中でたっぷり遊んでいる人は少ないのではないか。

レジャーといえば、有名な観光地やテーマパークに出かけ、人間が作った施設や加工した自然にお金を払って遊ぶ人が多いだろう。東京からの場合、そのような有名な所に休日に車で出かけると、道路は大渋滞。自然の中で癒されるどころではなく、車と道路ばかりを見て、かえって疲れが溜まる。通勤電車と似た苦痛を味わうはめになる。それに比べて、多摩川付近の自然の遊び場は、めちゃくちゃに混むことは少なく、午後からだって十分楽しめる。

自然の中で遊ぼうにも遊べないあなた、多摩川に目を向けてはいかがだろうか？　そして、自然にどっぷりとひたる趣味をしてはどうだろうか？

多摩川は、近い。そして、意外なほど自然が残っている。さらに、施設やイベント、案内情報も多い。忙しいサラリーマンにも、三点セットのお得な楽しみやすい環境だ。もちろん、何かの趣味を探している、第二の人生を歩もうという方、奥様や学生、誰にでも楽しめる。

「でも、何が楽しめるの？」

「どうやって、遊ぶの？」

という方のために、この本を書いた。

「こんなふうに楽しめるんだ」と知っていただき、少しでも多摩川の素晴らしさを感じ、多摩川ファンが増えてくれればと思っている。そして、多摩川の自然に接しているうちに、自然そのものに関心を持ち、多摩川に限らず、自然を愛し、大切にする気持ちを持ってくれればというのが筆者の思いである。

青梅マラソン
スタート地点（川井付近まで）
サイクリングロード
スタート地点（河口まで）
羽村堰
多摩川中央公園
羽村駅
拝島自然公園
あきしま水辺の楽校
拝島駅
立川駅
福生南公園
多摩川
くじら運動公園
牛群地形
浅川
南浅川
八王子駅
程久保川ワンド
（ガサガサをした所）
交通公園
（バードウォッチングの名所）
大栗川
野川公園
野川
府中駅
多摩川親水公園
調布駅
是政橋
多摩川原橋
二ヶ領上河原堰
（ガサガサをした所）
狛江の五本松
多摩水道橋
化石取りをした所
登戸駅
二ヶ領宿河原堰
狛江水辺の楽校
兵庫島
二子玉川駅
二子橋
せせらぎと
親子広場
東急ゴルフ場の渡し
多摩川台公園
調布取水堰
丸子橋
武蔵小杉駅
川崎駅
六郷橋
羽田空港
川崎河港水門
河口原点
浮島町

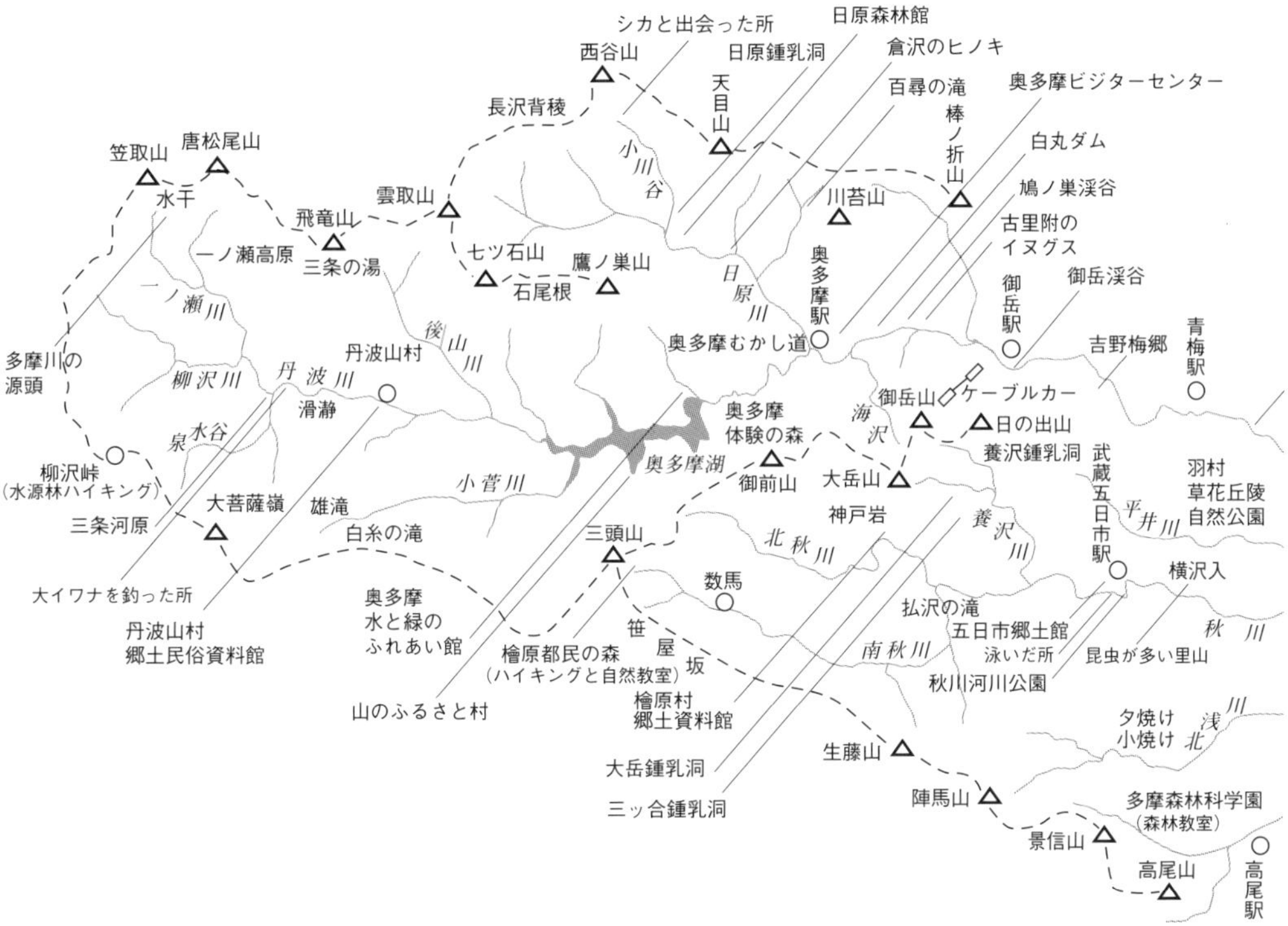

シカと出会った所
日原森林館
西谷山
日原鍾乳洞
倉沢のヒノキ
天目山
百尋の滝
奥多摩ビジターセンター
長沢背稜
棒ノ折山
笠取山
唐松尾山
小川谷
白丸ダム
水干
鳩ノ巣渓谷
雲取山
川苔山
飛竜山
古里附のイヌグス
一ノ瀬高原
三条の湯
七ツ石山
鷹ノ巣山
奥多摩駅
御岳駅
御岳渓谷
石尾根
日原川
一ノ瀬川
後山川
多摩川の源頭
丹波山村
奥多摩むかし道
吉野梅郷
青梅駅
柳沢川
丹波川
ケーブルカー
御岳山
滑瀞
奥多摩体験の森
海沢
日の出山
泉水谷
養沢鍾乳洞
柳沢峠
(水源林ハイキング)
武蔵五日市駅
奥多摩湖
御前山
大岳山
羽村草花丘陵自然公園
三条河原
大菩薩嶺
雄滝
小菅川
神戸岩
平井川
白糸の滝
養沢川
北秋川
三頭山
数馬
横沢入
大イワナを釣った所
奥多摩水と緑のふれあい館
払沢の滝
五日市郷土館
笹屋坂
秋川
丹波山村郷土民俗資料館
檜原都民の森
(ハイキングと自然教室)
南秋川
泳いだ所
昆虫が多い里山
秋川河川公園
檜原村郷土資料館
山のふるさと村
夕焼け小焼け
北浅川
大岳鍾乳洞
生藤山
陣馬山
多摩森林科学園
(森林教室)
三ッ合鍾乳洞
景信山
高尾山
高尾駅

さかのぼる

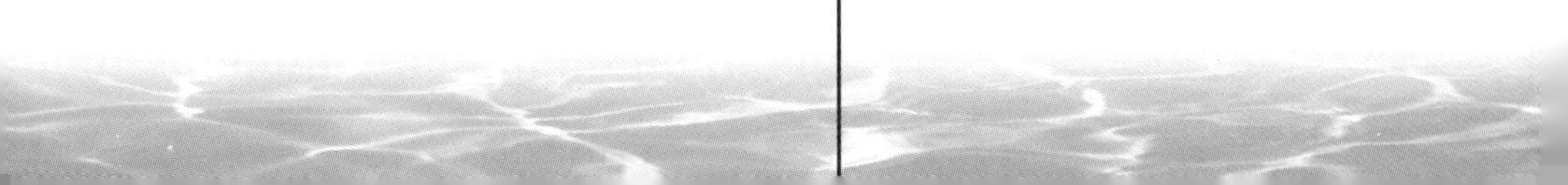

渓流の自然を楽しむ

奥多摩の天然林につつまれ、すがすがしさを味わう

渓流沿いの林道に車を止め、外に出たら、まるで「遠くの高原に来たようだ」と思った。天然林の中で、数多くの野鳥のさえずりが聞こえる。旅行で蓼科、清里、戸隠、軽井沢など有名な高原に行き、自然林の中、何種類もの野鳥の声に囲まれ感激したことがあるが、そのときのようだ。

たくさんのさえずりの中に、「ピーピー、チュウ、ピーピー、チュウ、ジー」というオオルリの美しい声も聞こえる。オオルリは、渓流沿いや湖畔などに住む「美しい青い鳥」で、さえずりもきれいだ。ウグイス、コマドリとともに、日本三鳴鳥の1つといわれている。

周りの風景もすばらしい。ブナが混ざる天然の森林。こちらもブナのほかミズナラ、サワグルミ、モミ、カエデの仲間など様々な種類の木がある。特に新緑の時期は、緑の色がすがすがしく、とてもきれいだ。ブナといえば、世界遺産の白神山地が有名だが、多摩川沿いにもたくさん生えている。奥多摩の場合は、いろいろな木と混生しており、変化があり、関心を持ち出すと「これは何の木だろう」と、見ていて楽しい。直径が1メートル近い大きな樹もあり、1本の樹木としての存在感を感じるものもある。

少し歩き、渓流に下りた。想像していた以上に、美しい渓相だ。苔が緑色にした大小の岩や石が無秩序に連なり合い、その間を、ところどころ小さな滝となって清らかな水が流れている。苔が生えた石が多いのは、水が安定している証拠。もちろん、水もきれい。古くなった倒木や流木も散在し、古

渓流沿いの野趣に富む天然林（泉水谷付近）

木も苔で緑の衣をかぶっているものもある。この岩や石、苔、古木、周辺の草木、そして透明な水が混ざり合う光景は、日本ならではの美しい渓流の姿だ。外国ではなかなかお目にかかれない風景だろう。

谷底から上を仰ぐと、やはり樹木がすばらしい。新緑の頃、下から見上げるブナなどの透き通るような緑の葉は、何ともいえない美しさだ。見ているだけで気持ちよくなる。驚いたのは、根だ。樹の根が、水面近くで、斜面にむき出しになっている。土が少ない岩場に生える樹は、根が岩や石の表面を伝って、わずかな土のある隙間に向かう。大地を掴まえようとする生命力を感じ、絶句する。幹もおもしろい。2つの幹が入り組んだ不思議な形をしている樹もある。

このような樹木のおりなす風景は、何でもないようでいて、関心を持って見ると、実に奥が深い。「どうして、このような風景なのだろうか？　この自然の中で、いったいどのような生命の営みが行われているのだろうか」と思う。感動して、何枚も写真を撮った。写真では、写しきれないとは思いながら撮影したが、やっぱり後で見ると、全く表現できていなかった。

美しい渓流が豊富な多摩川上流

これは、6月初旬に、多摩川の支流の日原《にっぱら》川、さらにその支流、小川谷《おがわだに》に入ったときの感激の体験談である。

多摩川上流には美しい渓流がたくさんあるが、私が訪れた渓流の中では、泉水谷《せんすいだに》、後山川《うしろやまがわ》、小川谷、それらの支流がすばらしい。私の場合は、釣りが主目的で川に行くので、もちろんこれらは、多摩川の支流のほんの一部。他にもまだまだいいところがたくさんある。

美しい渓流に共通している点は、周辺が天然林に覆われていて木々が多様できれいなこと、適度な斜度で大小の滝があり階段状の流れであること、周辺に人工物がなく自然が残っていることだ。多摩川の上流の川は、この条件にあてはまっている。

天然林では、落葉樹のおかげで、自然が豊かになっている。落葉樹は葉を落とす。その葉が、風景と生命への恵みとなる。地面に堆積した葉っぱが、水を蓄えるので、大雨でも一気に水が流れない。そのため、地面の土砂を川に流さず、川の水量も安定する。土砂が入らず水が安定していると、砂利が少なく、苔のついた大石や倒木、流木が多く残る緑の階段状の渓相が維持されるというわけだ。

また、落葉樹の柔らかい葉は、昆虫に好まれ、木の上でも落ち葉の中にも小動物が多い。するとそれを食べる野鳥や動物、魚も増える。さらに、針葉樹に比べ陽が地面にあたるので、低層に多様な草木が生え、その花や実を食べる動物が集まる。このように天然林が多い渓流は、豊かな自然が残っている。うれしいことに、東京を流れるこの川には、天然林に囲まれた美しい渓流がたくさん残っている。

渓流の風景（泉水谷）

病みつきになる沢登りや渓流釣り

私は、渓流には、学生の頃、沢登り登山で入ったのが最初で、その後、サラリーマンになる頃から、渓流釣りをするために頻繁に入るようになった。釣りを始めてから、しばらくは魚を釣ることしか興味がなかったが、しだいに、このような樹木をはじめ、野鳥、流木、石、水など渓流のいろんなことに、関心を持つようになった。

沢登り登山は、高校時代、山岳部に入っていた頃に、何度か経験した。行く前には、ロッククライミングの基本技術である岩場での三点確保という身体の安定方法を訓練した。両手、両足の４つのうち、３つは岩をつかみ、１つのみ

海沢の大滝

を動かすというルールである。訓練が結構つらかったので、行く前は、どんなに危ない場所を登るのだろうと怖かった。しかし、実際沢に行ってみて、美しい渓流を歩くことや、滝の横の岩場を登るのが、意外に楽しかった。危ないところも確かにあるが、岩場を「グイグイ」と登っていくことに、爽快さを感じた。水が流れ落ちる横を登りきり、滝上の高い眺めのいいところに出るだけでも、首筋から頭にかけてスーッとするような生理的な気持ちよさがある。また、道なき沢を登った後、沢筋から尾根道に出るところは大体荒れた藪になっている。そこを草にまみれて登るのは、不安もあるが、一般の登山道に出たときは、それだけで大満足だ。まったく未整備のルートを通って登山したことに、とても達成感を感じることができる。

　ただし、沢登り登山は、転落、渡渉、ルートや天候の判断など、非常に危険が伴うので、サークル活動や経験ある仲間と一緒でないと難しい。そのため、私は、山岳部の頃だけの経験になった。しかし、美しい渓流という別世界を探検する魅力的な趣味だと今でも思っている。

渓流の女王「ヤマメ」

　沢登りで渓流のいい思い出があったからだろうか。渓流釣りは学生時代に始めてから、かれこれ、もう30年くらい続いている。美しい渓流の中で、自然とふれあいながら、自分で考えながら選んだ方法やポイントで獲物を獲るという満足感がある趣味だ。釣れるときの感触もいい。渓流の妖精や女王といわれるヤマメ、幻の魚といわれるイワナが、流れある滝壺や瀬から釣れてくる。とてもきれいだ。東京近郊でも釣れる。そればかりか、多摩川でも尺（30センチ）を超える大ヤマメ、大イワナと格闘することもできる。これは簡単には釣ることはできないが、それゆえ釣れたときの満足感は高く、釣り人の「憧れの的」として熱くさせる。この満足感も滝を登ったときのように、スーッとするすがすがしさで、大物を釣ると何日も残る。今では、自然とのふれあいの趣味に共通する気持ち良さだと感じる。

野鳥との出会いが思い出のシンボルに

渓流釣りで川を歩くようになってから、しばらくたったあるとき、突然「野鳥のことがわかると、もっとおもしろいかもしれない」と思い立ち、双眼鏡を買ってバードウォッチングを始めた。それから釣りのときも双眼鏡を持って川を歩くようになった。

野鳥の中でも、渓流沿いに住む野鳥は多い。オオルリもそうだ。枝の少し目立つところで何度か出会っている。背中が青く、「幸せの青い鳥」ともいわれるように、出会うと幸福な気分になる鳥である。きれいな声の鳥は、他にもいる。春の渓流で、よく声高らかにさえずっているのは、ミソサザエ。こちらの体色は、茶色で、目立たないが、卵のように丸っこい体形に小さな尾っぽがついている。そのさえずりは、「ピピピ、チュピチュピ、チュリチュリ……」と変化のある声を組み合わせ、静かな渓流に響きわたる。オオルリにも負けていない。よく、渓流沿いの倒木や岩などに止まって、鳴いている。その動作も、尾っぽをツンツンと上にあげるようにしてとてもかわいい。

なかなか見られないが、ヤマセミも好きな鳥だ。カワセミと同じく、空中から水中に突っ込んで魚を捕る鳥で、くちばしが長く、背と羽が白と黒のまだら模様で、頭の羽が冠のように立ち、クリッとした眼がかわいい。「ケッ、ケッ」という声で、優雅に飛ぶ姿がなぜか自然の奥深さを感じさせ、神秘的でさえある。

これらの野鳥との出会いは、すがすがしさを感じるだけでなく、その光景が記憶として焼きつき、思い出のシンボルとなる。有名な観光地の風景は思い出さなくても、渓流の川岸で一生懸命さえずるミソサザエや川の上を悠々と飛んでいくヤマセミの姿は、その周りの光景や印象とあわせ、今も記憶に残っている。

「東京の奥入瀬」と呼ばれる御岳山ロックガーデン

渓流の奥深い魅力、流木・石・水……

長年渓流を歩き、河原に落ちている流木や石にも関心を持つようになった。ある日、最上流付近の小さな沢を歩いていて、突然、目の前にあった小さな流木を「おもしろい！」と思ったのである。奇妙な形、表面のこすれた感触が、自然の奥深さを象徴しているように思えた。持ち帰って家に飾ることにした。石でも、同じようなことがあった。河原に転がっていた握りこぶしくらいのものを、黄土色と茶色が複雑に混ざった色合いや形が「おもしろい」と思ったのである。それから、たまにいい石があると持ち帰っている。

渓流の帰りには、よく「水」を汲んで帰る。山から湧き出たばかりの水は、とてもおいしい。奥多摩の上流で湧き水を、手ですくって飲んでみる。にがみや臭みがなく、スーッとして、ややほのかな甘みを感じる。水道水は論外だが、市販の水を飲むよりも、絶対においしい。

天然の水で作るコーヒーは格別である。家でウイスキーの水割りにするのも最高。ウイスキー自体の旨味が伝わってくる。スーパーで天然水を買ってくる必要がない。奥多摩には、名水といわれているところが獅子口などいくつかある。有名な湧水ポイントでは、人が並んでペットボトルに水を入れていく光景が見られる。そういうところもいいが、渓流の林道脇の湧き水でも十分だ。

　また、奥多摩の名水を使って日本酒も造られている。自分の感覚では、銘酒と変わらないくらい、おいしいと思う。

　滝や風景を　眺めて、写真を撮ること、野草観察、山菜採り、きのこ狩り、巨樹巡り、木の実採集、昆虫観察、野生動物ウォッチングなど、いくらでもある。野草や昆虫の観察では、きれいな野の花や美しい蝶などを撮って、集めるのもおもしろい。

　渓流は、このように自然豊かなすばらしいところだ。ただ、難しい面もある。普通、渓流には道がない。川へ降りる場所も限られていることが多い。岩や石がゴツゴツしていて歩きにくく、登りにくい滝や淵もある。増水や落石などの可能性もあり、危険が多い。さらに、川歩きでは、知識や経験のほか、渓流用のシューズや長靴、タイツなど特別な装備も用意しなければならない。

　とはいえ、そこまで本格的でなくても、十分渓流を楽しめると思う。例えば、開けた安全な川を歩く、林道から降りられる場所を歩ける範囲で遊ぶ、渓流沿いに小道が整備されているコースをハイキングするなどである。

　気軽に渓流を味わえる道として、秋川最上流にある檜原都民の森のブナの道があげられる。天然林に囲まれた小渓流沿いのとても美しいハイキングコースだ。それ以外にも、海沢の滝巡りの遊歩道、御岳山のロックガーデン、払沢の滝や百尋の滝など有名な滝の付近、登山道が近くにある渓流など、比較的行きやすいところがたくさんある。

　御岳山近くのロックガーデンは、養沢川の最上流で、「東京の奥入瀬」と呼ばれている美渓だ。

　日本の美しい風景である天然の渓流が、東京近郊にある。自然が生み出す渓谷の恵みを、奥多摩で楽しんではいかがだろうか。

■日原川周辺の見どころ

日原川周辺の一般的な見どころとして有名なのは日原鍾乳洞だ。奥多摩には、何箇所か鍾乳洞があるが、日原鍾乳洞は、その中でも最も大きく、延長800メートルだという。鍾乳洞の中は、曲りくねった通路となっており、奇妙な形の石筍や石柱が見られ、神秘的な雰囲気だ。その鍾乳洞前に流れる沢は、小川谷。鍾乳洞付近から上流に散歩すると、天然林の中のきれいな渓流を見ることができる。この辺りの渓流は、どこでも岩と苔と透明な水が織り成す美しい小渓流だが、岩が多く、川通しに歩くには経験が必要である。

日原付近は、巨樹でも有名なところ。巨樹とは、地上高1・3メートルの幹の周囲が3メートル以上の樹木とされている。奥多摩町では、平成14年現在891本が確認されており日本一の数だという。巨樹の多くは山の中にあるが、倉沢谷合流点付近にある倉沢のヒノキは、自動車道沿いに看板があるので比較的わかりやすい。丘を登って見上げると、その太さに圧倒される。滝では、川苔山登山道となっている川苔谷の奥に百尋ノ滝が有名だ。川乗橋から片道1時間半程歩く必要があるが、その落差は41メートルあり、真直ぐ落ちる水がなかなか美しい滝である。

渓流管理釣り場も大沢や日原にあり、山間の雰囲気がいい中、ヤマメやマスを釣れる。なお、巨樹をはじめ周辺の案内情報は、バスの終点東日原にある日原森林館に行けば、写真、パネル、模型、ビデオなどで得ることができる。運がよければ、この建物の中から、対岸の斜面によく出るというカモシカのウォッチングもできる。

源頭「水干」を訪ね笠取山に登る

いざ、水干へ

深山の中、大地から岩肌に顔を出した水分は、水玉となり、音もなく、一滴一滴と空中を落ちていく。いったん両手くらいの大きさの水溜りに集められた、その水分は、土の中に吸い込まれ、60メートルくらい下の岩の間から、また湧き出し、細い流れとなる。これが多摩川の源頭だ。

「人の遊びも生活も、水がなければ始まらない」

水は大地の恵みと感じるひとときだった。

子どもの頃から遊ばせてもらった多摩川の始まりがどんなところかと思い、源頭の「水干《みずひ》」を訪ねた。多摩川になる湧水は数知れないが、川の分岐の主流をたどっていき、最も奥深い箇所となるのが、この笠取山直下の「水干」だ。

水干へは、最上流の集落、一ノ瀬付近から歩いていく。しかし、この付近へ行くには、残念ながら、交通の便はよくない。短時間で行ける鉄道や高速道路はなく、一ノ瀬まではバスもない。東京からの自動車で行くには、中央高速で一気に勝沼まで行き塩山、柳沢峠を経てのルートか、青梅から青梅街道を上っていくルートが一般的だ。いずれのルートでも、私の住む多摩東部からでは、2時間半はかかる。

大体、私は、青梅街道から行く。平野から山間に上っていくとだんだん景色が変わる。自宅から青梅の辺りまでの1時間以上は、周りの景色は、ほとんど建物。本当に、東京は、いくら行っても人工物ばかり。都心への通勤圏である青梅を越える辺りまで続く。青梅の街を過ぎると、川ははるか下で見えないが、山が近くなってくるにつ

沢沿いの登山道

れて、視界に入る緑が増えてくる。やがて、梅で有名な吉野梅郷、渓谷美の御岳、ケーブルカーで登れる御岳山の入口付近を通り過ぎる。

ここまで来ると、やっと豊かな緑の中を走るようになる。鳩ノ巣付近から険しい谷の中を走り、JR青梅線の終点奥多摩駅付近の最後の街並みを過ぎて、いくつものトンネルを抜けると小河内ダムの上に出る。奥多摩湖でいったん展望が開けるが、そこを過ぎるとまた、深い渓谷地帯の道が続く。一ノ瀬への道は、青梅から、さらに1時間くらい青梅街道を走ったおいらん淵付近から一ノ瀬川沿いの細い林道となる。もう、道路以外は、大自然一色。この辺の谷は、釣り人でも入れない秘境が多い。

　最上流の集落、一ノ瀬は、「一ノ瀬高原」という看板が立ち、キャンプ場や民宿がある。確かに高原の雰囲気があり、開発されれば、いい観光地になるのではないかと思うが、自然派にはうれしいことに、家も少なくひっそりとしている。さぞかし、暮らしはたいへんだろう。

　笠取山の登山口付近にバスが止まっていた。登山ツアーあるいは自然教室のバスだろう。これも時代の流れ、登山に慣れていない人や慣れていても交通の手段がない人にはいいサービスだ。ここまで最後のバス停から歩いてくると、それだけで何時間もかかってしまう。かといってタクシーで来ると費用も馬鹿にならない。登山ツアーなら便利で、ガイドがつくので、比較的安心、便利だ。

　そして、今日の登山口、作場《さくば》平《たいら》に到着。少し混んでいたので自

笠取山

宅から3時間ほどかかった。本当に、奥深いところだ。今日は、笠取山と水干を訪ねる一般的なコースの作場平からヤブ沢沿いの道を登る。登山道の入り口に案内板が立ててある。

「水源地ふれあいのみち整備事業水干ゾーン―源流のみち―」とあり、「多摩川の源流である『水干』を中心として、清流と川森林を通じて、川の誕生や森林の働きを知っていただくためのゾーンです。また、笠取山（1953m）方面への登山にも利用できます。…東京都水道局」とある。ここは、東京都水道局が管理する水源林。東京の飲み水になっている水の源で、水道局が、このような案内板を立てるなど整備をしている。

急ぎ足で水源を目指す

林の中に入るとやっと自然の中に来たと、ホッとする。もう11時過ぎ。登山のスタートとしては、遅い時間なので、急ぎ足で登る。登山道の左側、すぐ下に、青緑に見える、きれいな水の小沢が流れている。早速、今日の飲み水として、水筒に入れ、一口飲んでみる。スーッと入り、甘い余韻の天然水は、やはりおいしい。整備された

水干

登山道を快適に登る。ところどころ足でまたげる小さな沢があり、いかにも水源近くだ。辺りの木に、水道局が取りつけた鳥の巣箱が目立つ。野鳥は、木に危害を加える虫を食べてくれるので、森林を守ってくれる。

いろんな樹がある。カラマツ、サワラ、ブナ、ミズナラ、リョウブ、カエデの仲間など、この辺は、植林樹と天然樹が混ざっている。

やがて、道沿いの沢はなくなり、尾根に出る。尾根の道は、車も通れそうな広さで、すぐに笠取小屋に着く。ここは、ベンチもあり、休むにはいい。ちょうど昼時なので、何組も休んでいる。小屋からさらに尾根を登る。急だが整備された道を行くと、小さな分水嶺に出る。尾根が3つに分かれている分岐点なので、水がどの尾根の間

多摩川最初の流れ

に落ちるのかで、流れる川が決まる。尾根を境に、東側に落ちればば荒川、西側に落ちれば富士川、そして南側に落ちれば多摩川になる。わずかな落ちる場所の違いで、埼玉の方向、山梨の方向、東京の方向に分かれていく。

森を作った人々の案内板（東京都水道局）

ここまで来れば、水源は近い。笠取山の頂上も見えてきた。水源は、山頂の横を巻く道にある。この辺りに、ニホンジカの被害についての案内板がある。ニホンジカによる食害が増えているそうだ。高山植物が消滅し、樹木の被害も多く、森林の生態系への影響が心配だという。鹿の角で樹皮が削り取られた木もある。その対策として、植栽された苗木には、食害防止の網が巻かれている。森林を守るために、いろいろと工夫している。

また、案内板がある。「森をつくった人々」とタイトルがあり、集団が膝下の草しか生えていない裸になった山を歩いている写真が出ている。この写真は、1922年、東京の市議団一行が、水源地を視察した際のものだという。その案内板によると、当時の水源地帯一帯は、明治時代に行われた焼き畑を原因とする山火事などにより、裸山となり、少し雨が降っただけでも山崩れや洪水が発生した。そのような災害を防ぐため、視察後にすぐ苗木を植えて手入れをし始めた。目の前に広がっている風景が、その森林だという。

そういえば、世界では、いたるところで森林が焼かれたり、伐採されたりで、緑が失われているると聞いているが、東京では80年ほど前にそういう状況だったわけだ。それをすぐに木を植えたのだから、よかったと思う。森林が、山を守り、安定した水を生み、そして、その水で我々、生き物が暮らしていける。人の意思があれば、自然は守れるということが、大分前に行われていた。

音もなく落ちる一滴が多摩川の始まり

平らな巻き道をしばらく歩くと、水干に着く。登り始めて、約2時間。午後1時過ぎに着く。ちょうど、笠取山頂上の下の付近だ。登山道の左側の急斜面の少し奥まったところの岩場にポッコリと穴がある。そこに、「多摩川河口まで138㎞」と木の板に書いてある。ここが水干だ。水干とは、「沢の行止り」の意味らしい。それは多摩川の始まりでもあり、今日来た方向に138キロの長い旅を経て、東京湾に流れ込む。

水干には、30センチくらいの水溜りがあり、その上の岩から水が染み出している。ときどき、水玉となって、音もなく落ちる。この一滴が川の始まりだ。この水分は、雨が山の地面に染み込み、地中に溜められ、どのくらいの時間がたって出てきたのかわからない。山からの恵みだ。落ちた水滴は、小さな水溜りに集まり、また、地中に染み込んでいく。染み込んだ水は、60メートルほど下で流れ出している。

その流れ出しに、案内板を頼りに行ってみた。急坂を降りていくと、両岸が迫るような谷底に30センチ幅くらいの水の流れが見える。流れを上にたどると大きな石の下から、水が流れ出ている。その流れは、地面に吸い込まれることなく、数センチの浅さで、地面の上を流れ、下へ向かっていく。まぎれもない川だ。

ここで水流を見ながら食事をし、ひと休み。小さな水の流れを前にして、「この水はどこに行くのだろうか？」などと、思いにふける。「このような水流がいくつも重なり、荒々しく渓谷を下った後、中流から大きな流れになる。広い河原も作る。そして、ある水は、玉川上水に分かれ、家庭に送られるだろう。あるものは、下流の住宅地や工場の間を流れ、海まで行く。

笠取山山頂からの風景

蒸発するものもある。そして、そ
れがまた雨となって、この山に戻
ってくるかもしれない。この自然
のサイクルの中に、都会があり、
我々が生きている」
　この水を、持ってきた水筒とペ
ットボトルに入れ、源頭をあとに
する。そして、笠取山山頂を目指
す。ここまで来た道を少し戻り、
途中から右に回り込んで頂上への
上り坂となる。尾根から三角に盛
り上がった頂上への登りは急だ。
これまでとは違い、道も歩きにく
い。さらに、水源の水を2・5リ
ットルも汲み、背負っているので、
荷物も重い。結構つらく、ときど
き、立ち止まる。しかし、距離と
してはそうないので、水干から30
分ほどで到着する。
「やっと着いた」

ここは多摩川の最も深い水源の山頂だ。眺めがよく、南側、西側に多摩川の水源である山々が、少し遠くには、大菩薩嶺が見える。この付近は2000メートル級の山が並ぶ。そして、この山岳地帯のあちこちから多摩川になる水が、湧き出している。

少し遅い時間に到着したので、頂上は私だけになった。風がほとんどない晴天の日。静かだった。そして、多摩川の上流域の山塊には、道路もなく、集落も見えず、送電線もなく、人工物は何一つ見えない。森のベールをかぶった山と谷の風景だけが続いている。

家を出てからここまで、いろんな風景を通り過ぎてきた。東京都下の住宅街から青梅までの間はビルや家ばかりの長い国道、青梅から先は緑が多くなった山間の道、鳩ノ巣付近からの渓谷沿いの道、奥多摩湖を過ぎ、さらに深い渓谷地帯の道、一ノ瀬高原からの登山道を経て、やっと笠取山の山頂へとたどり着いた。

だんだん人工の世界から自然の世界に変わってきて、最後は「自然」だけしか見えない世界となった。

「この豊かな自然が、下流の様々な営みを支えているんだ」

音は何も聞こえない。風がない日で、人間は私ひとり。野鳥もこの季節は少ない。そんな中、ときどき聞こえるのは、飛行機のジェット音。そういえば、この辺りの上空は、東京の空港、羽田から関西、九州方面への飛行ルートだ。私も、出張の際、飛行機から奥多摩・秩父の山々を眺めたことがある。「この飛行機は、羽田空港から飛び立っているんだな〜」と気がつく。

その羽田空港は、多摩川の河口にある。この大自然一色の風景とハイテクの飛行機が、意外な関係にあることに気づいた。自然の恵みが多摩川を育み、大都市を支えている。その都市の高度化した人工物の一つとして、羽田空港がある。そこから飛び立つ飛行機が、大自然の多摩川上流域を頻繁に飛び越えていく。

家に帰り、持ち帰った水源の水でウイスキーを割り、多摩川の自然に乾杯した。すがすがしい思い出とともに飲む酒は、「うまい」に決まっている。

笠取山と水干への登山道

釣る

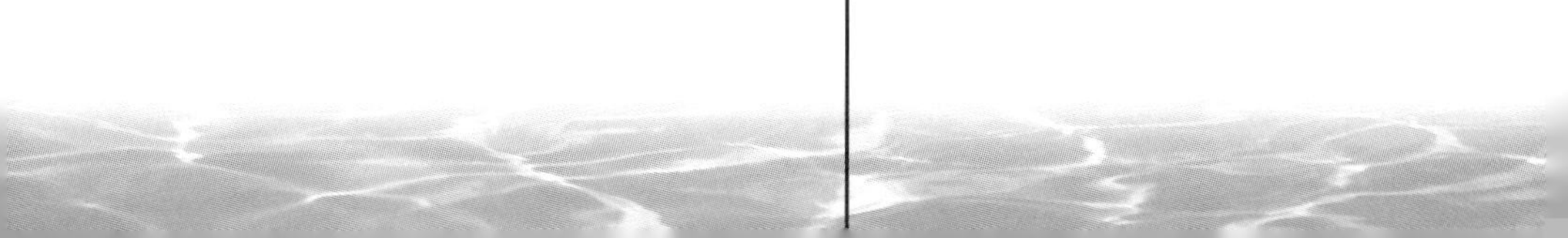

大イワナと格闘する

多摩川の支流

丹波川での大物釣り

多摩川上流域の渓流は、美しい。特に、奥多摩湖から上流の丹波川やその支流、日原川の上流など、自然そのままの川がまだいくつも残っている。そんな美しい川で、魚と知恵比べをし、格闘する渓流釣りは、最高の遊びだ。

私は、渓流釣りを始めて、いろんな川で釣りをしたが、最も多く行っているのが、多摩川上流だ。東京から近いわりに、いい渓流がたくさんある。特に、丹波川《たばがわ》とその支流は、大好きな渓流で、何度となく訪ねている。自然が豊かで大物も釣れる。

丹波川は、奥多摩湖から上流の本流筋である。その上流が源頭の水干に近い一ノ瀬川であり、多摩川でもほぼ最上流に近い位置にある。急峻な山間を流れているが、川沿いに国道が走り、そこにいくつかの橋がかかっている。この丹波川は、釣りの本や雑誌で、大物の渓流魚が釣れるという評判だ。奥多摩湖で育った大型のヤマメが遡上するほか、大イワナもいる。

私は、この川でいろんなドラマを経験した。その中で最も思い出深い体験は、丹波山村上流の羽根戸橋付近での大イワナとの格闘である。丹波山村集落から少し上流に行くと、青梅街道は、V字渓谷の中を走る。道路から一歩川へ入ると、道路の上とは別世界の荒々しい渓《たに》の流れがある。両岸がきりたった岩盤になっており、その間を水流がところどころ淵を作っている。橋から下を見ると、吸い込まれそうで、恐くなる光景だ。

数年前の6月のある日。アイツと遭遇した。羽根戸橋付近に水が激しく落ちる背丈くらいの滝があ

大型魚が釣れる丹波川

る。滝つぼは、白泡がたっており、強烈な勢いの流れである。こんな急な流れの滝でも、魚が上ろうとしている姿を見ることがある。それも30センチくらいの魚が飛び上がっていくこともある。「ごくろうさま」と思う。こんな流れでも越えていくのだろう。

岩の上から、その滝の白泡となった激しい流れに、釣り竿を操り、仕掛けを入れた。渓流釣りの仕掛けは、必要最小限のものしかつけないので、単純だ。魚をかける針と、仕掛けを沈めるオモリと、アタリを知らせる目印を糸につけただけである。そんな仕掛けを、急激な流れに放り込んだ。針には、2センチくらいのオニチョロという川虫をエサとしてつける。元気な虫で、針を通しても、足をゴソゴソと動かしているので、水の中でも目立つらしい。

川虫は、川の中の石をひっくりかえし、アミで捕る。現地調達でタダなのがうれしい。しかも、これが一番釣れるようだ。私は、渓流釣りで釣れるコツの1つは、現地調達の川虫を使うことだと思っている。しかし、川によっては、川虫が少なく、なかなか捕れないことがあるので、注意が必要だ。下手をすると、竿を出している時間と虫を捕っている時間が変わらず、魚を捕っているのか、虫を捕っているのかわからないようになる。

ところで、この川虫が捕れるかどうか、また、どのような虫がいるかは、その川の水がきれいか、水が安定しているかのパラメータにもなっている。水に汚れが入っている下流などでは、川虫も少ないし、オニチョロも棲んでいない。多摩川上流域は、大体、川虫は多いようだ。

ふつう激しい流れでは、魚は食いつかないことが多い。事実、これまでは、この滝のすぐ下で、釣れたことはなかった。しかし、わずかに流れが弱まるピンスポットがある。アイツは、そこに隠れてエサを待っていたのであろう。仕掛けがその場所で止まった。そして、合わせると一瞬おいてグイと引いた。さらに、次の瞬間、ものすごい引きに変わった。グイグイ、グイグイ、グイグイと引く。

「これは大物だ。ヤッター！」と思った。

ひたすら、竿を両手で持ち、こらえる。アイツは、滝下の流れを上に行ったり下に行ったり走り回る。何とかこらえた。大物釣りは、最初のこの強力な引きをどうこらえるかが、1つのポイントだ。本当にでかい魚は、ここで糸を切る。この魚は、ここまでは大丈夫だった。水面にチラッと姿を見せた魚は、イワナらしく黒っぽく、尺は十分超えていた。「でかい」と思った。

しかし、次の取り込みに入ろうとしたとき、失敗した。魚を玉網に収めるために水に入ろうと、1・5メートル位の岩の上から水際に降りようとした。そのとき、身体のバランスを崩した瞬間、バレてしまった。竿を変に動かし、仕掛けを外れる方向に引っ張ったのか、針がはずれてしまったのである。岩から降りるとき、足場が悪く、それを事前に確認しなかったことがまずかった。

渓流釣りをしていて、大物がかかっても、バラすことの方が多い。慣れてはいるが、いつもショックである。この日も同様。しかも、相当な大物だ。「次は、釣ってやる」との強い思いとなる。

万全の準備?で二度目の挑戦

私は、その2週間後、また、同じ場所に来た。家から2時間半くらいかかるので、簡単なことではない。今度は、アイツがいたポイントを釣る前に、前回の失敗を繰り返さないように、足場について、岩から水辺に降りやすいところを見つけておいた。

そして、例の白泡の中に仕掛けを流した。「二度同じ魚がかかるか」と心配だった。大物は、1回かかっても、2回かかるとはかぎらない。しかも、釣り人の多い多摩川でもある。他の人に釣られている可能性も高い。その日に食いがあるかもわからない。

しかし、かかった。そのポイントといい、引き方といい、アイツに違いないと思った。他の人に釣られなかったのは、相性がいいのか、誰もここを狙わなかったのか。「よ~し、今度はもらった」と思った。

強い引きに耐え、次に、岩場からあらかじめ決めておいたところを慎重に下った。バラさなかった。そして、次に川に立ち込んで、疲れるのを待って、玉網に入れるのみの状態になった。半分「しめた」と思っていた。弱るのを待って、慎重に寄せようとした。動きがゆっくりとなり、少し弱ったかと思った。だが、甘かった。この大魚には、まだ糸が細かった。いつもより太い糸を使っていたが、それを上回る力があった。私の身体の近くに寄せてきて、差し出した玉網にもう少しというところで、糸が切れてしまった。玉網がもっと大きければ入ったかもしれないくらいだった。寄せるときは、竿の弾力で糸への力を弱める効果が減るので、糸の負担が強まる。ここで切れることはよくある。

よくあることといっても、やはり二度ともなるとショックは大きい。「もう少しだった。糸を太くしておけばよかった。玉網ももう少し大きければ違った」と悔やんだ。最初から糸を太くしておけばいいと思うかもしれないが、太い糸だと魚に仕掛けを見破られるため、できるだけ細い仕掛けを使うのが渓流釣りのコツとなっている。しかし、大物の場合は、別だった。

アイツとの三度目の格闘 そして結果は……

　そして、三度目。また、2週間後にチャレンジした。渓流釣りで、このように執着したのは初めてだった。何とか、アイツを仕留めたいという一念で、行かずにはいられなかった。暦《こよみ》は7月中旬になっていた。2回の失敗を糧に、今回は、これでもかと、念入りに対策をたてた。まず、糸を2段階ほど太くした。そして、前回取り込みに失敗したので、新たに大きな玉網を買った。また、前の2回より、少し短いが慣れた竿を使用することにした。

　この日も、アイツは私の竿にかかってくれた。物凄い力で引くが、必死に耐える。太めの糸なので、無理もできる。取り込みのときも前回と同じ場所にした。慎重に寄せて、足場のいい取り込みポイントへ。そして、太い糸なので、思いっきり寄せられる。しかし、相手は強く、なかなかの強さがあり、簡単には寄ってこない。少しは寄ってきても、玉網に入れるまでの距離には簡単には来ない。いったん近づいても、強く逃げようとする。その力に耐える。そして、渾身の力で、思いっきり寄せる。何度もあっちへ、こっちへと行ったが、何とか寄せることができた。今回は、玉網も大きいので、大型でもスッポリ入った。三度目の戦いで何とか勝った。34・5センチのイワナだ。

「ヤッター」という達成感に満ちあふれる。誰もいない河原で、「ヤッター、釣ったぞ」と声をあげ、喜んだ。釣り人の至福の瞬間だ。手は疲れきったが、何ともいえない、すがすがしい気持ち良さがこみ上げる。

　釣り人は、大魚を釣ると一生記憶に残るという。確かにそうだ。他の川でも大物を釣ったときのことは、たとえ20年前のことでも、アタリから釣り上げるまで、鮮明に覚えている。

　丹波川とその支流では、私は、4匹の尺を超える魚を釣っているが、どのときも強烈に感激した。渓流魚の大物がいるのは、丹波川やその支流だけではない。小菅川や多摩川となった下流の青梅や御岳付近でも大物が釣れる。事実、御岳付近では、40センチを超えるのではないかという魚をかけたことがある。釣り上げられなかったが、この大きな川には、いたるところに計り知れないほどの数の大魚がいると思う。もっと下流の羽村付近でも、椅子に座って釣りをしていた人のフラシを見たら、30センチくらいのヤマメが入っていた。

3回目にしてようやく釣れたイワナ

大魚との出会いを求めるのは人間の本能か

この大魚との出会いを求めようとすることに、人間の本性としての楽しさを感じる。そもそもこのような知恵比べをする狩猟が、人間を賢くしたのだろうから。多摩川での釣りは、人間の狩猟本能を満足させてくれる。

ところで、なぜ私は、これほどまで1匹の魚を追いかけたのだろうか？

「遊び」といえば遊びなのだが、単純に「遊び」とはいえないものだと感じる。遊びといっても、例えば、登山や渓流釣りなどは、相当の労力と時間を費やす。ほとんどの時間は、歩いたり、道具を準備したり、アタリを待っていたりで、特に快適ではなく、煩わしいこともある。行く前の準備も面倒だ。なぜ、そこまで労力をかけて、遊ぶのだろうか？

このような遊びでは、何かの「憧れ」のようなものを目指して頑張っているように感じる。自ら湧き出てくるエネルギーにしたがい、何かを追い求め、夢中になっている。そこまではわかる。では「人は、なぜ、何かを追い求める遊びをするのだろうか？」

私は、ずっとこのことが気になり、疑問に思い、いろいろな本を読んで解き明かそうとした。遊びについての本ばかりか、それまで縁のなかった人間や動物の行動学、遺伝と進化などの本も読んでみた。その結果、「人間は、なぜ、何かに憧れを持つのであろうか？」という疑問には、「人間には、『すばらしいと思うことは真似ろ』という行動パターンが、計算機のプログラムのようにあらかじめ組み込まれている」ことが答えだとわかった。

　人間も含め動物の行動の基本パターンは、習性として、遺伝的に組み込まれているのである。そして、その基本パターンが実際に身体に作用し、遊びを続ける理由は、「憧れを追求し、それを達成すると、満足感で気持ちがいい」からである。この2つのことから、「人間には、何かを目指すような行動をする習性が組み込まれており、その行動をした結果、満足感で気持ちがいいから繰り返す」ということが答えだろうと考えた。

より高い満足感を求めて 人は同じ行動を繰り返す

　最後の謎は、「人は、なぜ満足感で気持ちがいいと感じるのだろうか？」ということである。あの首筋から頭のてっぺんにかけての「スーッとするすがすがしい気持ち良さ」を、どうして感じるのだろうか。感じるのは脳なので、脳の仕組みの本を読んでみた。専門的なことは理解できなかったが、どうやら、答えは、脳の中にあることがわかった。

　脳には、快感神経と呼ばれる部分があるという。人間は、この神経からドーパミンという物質が分泌されることで快さを感じる。通常は、食事をしたときなど生理的欲求を満足させたときにこの物質が出るが、それだけでなく、食事に関連する獲物や実を獲たときにも分泌される。だから、釣りなどで獲物を得たときは、まさに本能的な欲求が満足し、脳が気持ちいいのである。

　それなら、食事の満足感だけで十分ではないかと思われるかもしれない。遊びで使うお金をおいしい食事に使えば、苦労せず、満足感が得られる。しかし、この達成感からくる気持ち良さは、強く、そして、しばらく続くようだ。

　大物を釣った後は、翌日もスーッとした気分が続く。何日かたっても、思い出すと一時的に気持ちよくなる。驚くことには、人間特有の高度な活動の達成でもその快感物質が分泌されるという。つまり「仕事や勉強、遊びなどの難関を乗り越えて何かを達成したとき」でも快感物質が出て、スーッとする気持ち良さが走るのだ。確かに、大きな仕事が無事完了したとき、試験がよくできたとき、入手困難な欲しい物が手に入ったときのような、何かがうまくいったときに感じる。そして、苦労して難しいことを達成するほど快感は大きくなる。

さらに、もう1つ大事な仕組みは、脳内ではこの快感を覚えており、それをもう一度体験したいと思うようになっていることである。

人間は、大昔、狩猟採集生活をしていて、道具を使うことを覚え、野山を歩き、獲物や木の実などを獲ってきた。新しい道具を作ったり、道具を使っての狩りの方法を工夫したりしてきた。本当の狩りだけでなく、子どものときから狩りを真似た遊びをしてきただろう。きっと、うまくいったときに気持ち良さを感じ、またその快感を得たいという習性が原動力となり、もっとうまくいくように工夫をしてきた。その結果、大人になって、本当の狩りがうまくなる。狩りがうまい種族は反映し、そうでない種族は滅びていった。遊びは、無駄なようで、無駄でない。技や知恵が発達する。もちろん狩りのような行動はこの気持ち良さが強いだろうが、今では、直接狩猟に関係ないスポーツや趣味、様々な問題を解くときも同じことが繰り返されている。野球やサッカーの試合、学校の数学の問題、会社の経営問題、ゲーム、そして遊び、どれもうまくいったとき、同じような快感が得られる。現代の多様な趣味や活動も、結局は、狩猟採集生活パターンの延長だ。この脳の仕組みによって、どんどん技と知恵が発達し、人間の高度な文明が築かれたのだろう。これは、38億年の生命進化の結果で人間が生まれ、その人間の数百万年の歴史の中で、組み込まれた仕組みなのである。

というわけで、私は、多摩川の自然の中、何度も工夫をし、チャレンジした結果大イワナを仕留め、とてもすがすがしい気持ち良さを感じたわけである。

■丹波川周辺の見どころ

丹波川をはじめ、奥多摩湖から上流域は、深いV字谷がほとんどで、簡単に川に下りられる場所はあまりない。そんな山の中なので、気軽に観光できるところは少ないが、バスの終点の丹波山村の付近は、ゆったりとした盆地のような地形で、施設として、村営の釣り場、丹波山温泉、ローラすべり台などがある。このすべり台は、長さ250メートルもあり、日本一という評判だ。また、村内には丹波山村郷土民族資料館もあり、丹波山村の歴史、郷土芸能、生活史、野生動物の剥製などが展示されている。

丹波川は釣りが盛んだ。釣りで川に比較的入りやすいところは、下流では、まず、後山川と合流する親川橋付近があげられる。ここは、奥多摩湖のバックウォータに近く、湖から遡る大型が釣れるので、釣り人が多い。他に保之瀬や、丹波山村付近、余慶橋から羽根戸橋付近の滑瀞、泉水谷との合流点の三条河原が主なポイントだ。三条河原からは泉水谷にも入ることができる。泉水谷は、名前も美しいが、水や渓相もきれいな川である。また、本流の滑瀞付近から上流一之瀬川が合流するおいらん淵付近までは、丹波渓谷として紅葉の名所でもある。秋には、観光で賑わう。支流の後山川は、川沿いに林道があり、悪路だが車でも入っていける。深い渓谷で下りられる個所は限られるが、奥多摩らしい美しい渓流である。

なお、林道の終点から30分くらい登山道を行くと三条の湯という温泉付きの登山宿がある。ここからは、東京都の最高峰、雲取山に比較的短時間で登れる。丹波川の南に流れる小菅川は、丹波川に比べ谷が深くなく、キャンプ場、管理釣り場、スポーツ施設など設備も整っているので、ファミリー含めて遊ぶにはいいところだ。上流には、白糸の滝、雄滝などの名滝もある。

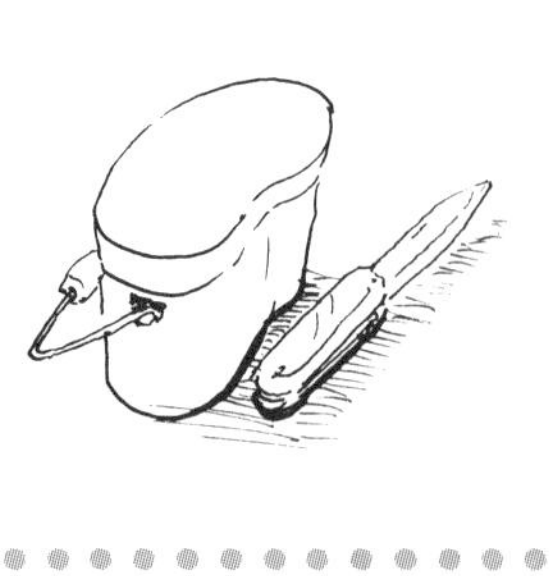

初心者でも釣れる管理釣り場

これから渓流釣りを始めるなら渓流管理釣り場がおススメ

川での釣りは、周りの風景がよく、流れやポイントが変化に富んでおり、釣れる魚も何がくるかと楽しみが多い。ときには大物もくる。だが、残念ながら、渓流魚は、そう簡単には釣れない。特に、初心者は、よっぽど幸運か、いい情報を得るか、あるいは誰かに指導してもらわないと、ほとんど釣れるものではない。

渓流の場合は、まずは、水の流れが速かったり、遅かったり、深い淵や浅い瀬があったりと、川の形態が様々だ。そして、もっと現実的に困るのは、木の枝などの障害物で釣りにくいことである。滝や瀬など変化に富んでいるのはいいが、木や流木に、よく仕掛けがからんでしまう。からむと実に面倒だ。糸を切り、すべての仕掛けを作り直すこともよくある。仕掛け作りに慣れていない初心者は、それだけで閉口する。また、エサも扱いやすいイクラなどでは、時期によっては全く釣れない。川虫を捕るなど、その場所や時期にあったエサを準備する必要があるが、それを捕るのにもコツがいる。ルアーやフライは、格好はいいが簡単には釣れるものではない。

そんな渓流釣りにチャレンジしようとする初心者にも優しいのが、渓流管理釣り場だ。渓流の釣り堀のようなところである。水の流れがしっかりあり、渓流の雰囲気も少しあり、そのうえ川や周辺を整えてあるので、仕掛けをからませることもあまりない。エサもイクラでいい。そして、最大の魅力は、釣れること。目の前で魚を放すのだから、魚がいることは確かである。あとは食い気があるかどうかだが、ニジマスだったら、よほど条件が悪くない限り、簡単に食いつく。イクラエサで流せば、魚の方からかかってくるという感じだ。放流する魚は、20～30センチと、普通の川では簡単には釣れない大きさだ。そのため、引きもよく、竿をグイグイと引き回す。魚とのやりとりを、とても楽しめる。さらに便利なことは、管理釣り場では、貸し竿やエサも準備されており、極端にいうと、お金を持って身体1つで行けば、釣りができる。

対象は、ニジマスが多いが、釣り場によっては、ヤマメやイワナを放している。この魚達は、少し警戒心が高く、ニジマスほどは簡単には釣れない。食い気がニジマスほど旺盛でないということもある。時や状況に応じ、ポイントや

冬の管理釣り場（御岳付近）

上流の管理釣り場（落合付近）

仕掛け、エサなどの工夫をしないと、釣果に差が出る。そんな魚と知恵比べをするのは、ベテランになるほど、おもしろい。

釣り場に着いたら、場所を決める。大体の釣り場は、大きな石で川が仕切られているので、グループ毎に、1つの区切られた場所を占有することになる。しばらくして、釣り場の係の人が魚をバケツに入れて持ってくる。たいていひとり10匹だ。それを目の前の決めた場所に放す。水に入った魚は、散っていくが、川が区切られているので、他に移動することはなく、何匹かは泳いでいるのが見える。

そして、釣り始める。水の流れ込みから、流れに沿って流心を流していくのが基本で、そうすれば、食い気のある魚は、大体釣れる。放流してから少し間をおいて、釣れ出すと、立て続けに釣れる。何ともいえない楽しい時間だ。いろいろなアタリがある。ゴツゴッと手元に感じたり、目印が止まったり、横に動いたり、知らぬ間にかかっているなど様々だ。20センチを超える魚の引きは気持ちいい。手にブルブルと伝わる引っ張る力を楽しみ、弱るのを待つ。そして、泳ぎ回って疲れてきたところを、抜き上げたり、網ですくったりで取り込む。何匹か釣ると、食い気がある魚がほぼ釣れて、あまり釣れなくなる。そうなったらポイントを変えて釣ってみる。同じ自分の区画でも違う流れや、誰も釣っていない他の区画などを狙う。他の場所で残っていた魚が釣れると、得をしたようでうれしい。こんなふうに、一日釣ると、お土産に十分な魚が捕れる。

私の場合、管理釣り場に行くのは、川が禁漁のときや、家族や友人とのレジャーの場合が多い。渓流魚が釣れるような自然の川は、秋から冬にかけての10月〜2月は禁漁になる。その期間にどうしても釣りがしたいときは管理釣り場へ行くしかない。3月の解禁前の練習として行くのにも都合がいい。家族や友人との場合、少し暖かくなった春頃が多い。釣りばかりでなく、河原でのバーベキューも楽しめる。

数多い管理釣り場
その場で釣った魚も食べられる

御岳付近から上流の本流や支流、秋川や浅川などに点々とある。近いところでは、八王子市恩方にあるマス釣り場。ここは、近くて手頃な場所だ。中央高速の八王子インターを降りてから、30分程で着く。家をゆっくり出ても、十分遊べる。私も、釣りがしたくて、家族サービスもしようと思うとき、お昼頃に思い立って、家族で来たことがある。支流の浅川なので、川は小さく深くもないが、ニジマスを大量に放流しているので、よく釣れた。息子にも何匹か釣れ、大満足。家族みんなで十分に楽しめた。

都心から近くて広いのは、御岳付近の本流にあるフィッシングセンター。谷も川も広くゆったりしており、ポイントも大きい。その分大物もいる。私が行ったのは、冬の禁漁期間である1月。禁漁でも釣りがしたくて、ひとりで訪れた。この頃は寒いので、さすがのマスも食いが落ちるが、それでも何とか工夫したり、粘ったりで釣るのは楽しい。淵の底にゆったりと大物がいるのを見ると狩猟本能がうずく。

ヤマメを主体に釣らせてくれるのは、日原にある渓流釣り場。大分上流にあるので、渓相も水もきれいだ。川の区切り方が人工的でないのもいい。普通ヤマメはなかなか釣れないが、放流したものは素人でも何匹かは釣れる。親類とバーベキューで行ったことがあるが、きれいな渓流での釣り、バーベキューばかりか、レストハウスで珍しいヤマメの刺身を食べたりして、楽しいときを過ごした思い出がある。

また、フライフィッシングや毛ばり釣り専用の釣り場が、秋川支流の養沢川にある。私も一時、毛ばり釣りもしていたときに、訪れたことがある。フライや毛ばりは、鳥の羽を針に巻いて虫に似させた擬餌針《ぎじばり》だ。それを水面に投げて釣る。私は、毛ばり釣りは全くの初心者だったので、あまり釣れなかったが、毛ばりを水面に投げたときに、魚が寄ってくる姿を見るだけでワクワクした。ここは、エサ釣りの人がいなくて魚も多いので、トレーニングには、最適だ。

管理釣り場での釣りは、意外な楽しみもある。丹波川の上流、柳沢川の落合にある小さな管理釣り場で釣ったときは、天然モノではないかという30センチを超えるヤマメを釣ったことがある。管理釣り場も川はつながっているので、天然の魚もいる。ときどき大物が釣れるので、管理釣り場とはいえ、ベテランでも竿を握ると熱中する。

釣った魚は、もちろん食べる。その場で、バーベキューの網の上で焼いたり、持ち帰ったりして、食べる。食べるといっても、生きている魚であり、魚屋さんの魚のように、きれいにハラワタを出してくれていたり、切り身になっていたりするわけではない。自分でさばくか、釣り場の人に頼んで処理してもらう。

魚をさばくことは、今では特別なことのようだ。特に、家族や親戚と行くと、子どもは興味津々。私がさばいていると、よく子どもがジーっと見ている。どういう気持ちで見ているのかわからないが、魚の身体が切り開かれ、内臓が取られ、食べ物に変わっていくことに関心があるようだ。

そういえば、自分で釣りをし、捕った魚をさばくというような一連の行動が、今の暮らしでは忘れられているのではないか。

「生きている動物を、捕まえて、殺して、食べる」こと。

残酷だけど、太古からの極めてシンプルな、生きていくために必要な動物に組み込まれた行動だ。

多摩川の管理釣り場では、釣った魚は食べるという行為を体験できる。

解禁日に釣りをする

春の解禁を待つ釣り人達

渓流釣りには、禁猟期間がある。たいてい10月に禁漁になり、翌年の3月頃に解禁となる。これは、渓流魚が、秋に産卵するので、それを保護するためだ。落ち着いて子どもを産めるようにというなかなか優しい配慮である。ところが、釣り人にとっては、楽しみが奪われる寂しい季節。次の春が待ち遠しく、近づくにつれて、今か今かと期待が膨らむ。そして、梅の花が咲き始める頃になると、少しでも早く釣りたいという気持ちから、釣れる最初の日、「解禁日」に出かけることになる。

解禁日の前には、地元の漁業協同組合が魚を大量放流する。「釣ってください」というような状況だ。それだけでなく、長い間釣り人が入らなかったので、元々川にいた魚の警戒感も薄れており、さらには、釣りにくかったところにいた魚が移動するので釣れやすくなる。そのため、大勢の人が、普段誰もいない谷間に押し寄せる。

渓流釣りファンにとっては、特別な日であり、お祭り的なイベントでもある。解禁の日には、釣れそうなポイントには、1~2メートル間隔で竿を持った人が並ぶことが多い。渓流釣りを知らない人は、目を疑う光景かも知れない。それでも、釣れる。

多摩川水系の釣り解禁日は、川によって分散されているので、何回も行ける。秋川上流が3月1日で一番早く、次に多摩川本流が第1日曜日、その後4月第1週まで、毎週どこかの川で解禁となる。しかも、会社勤めの人に都合がいいよう、日曜の正午としてくれる川が多い。他の水系では、曜日に関係なく日にちで解禁日を決めてお

解禁日に並んで釣る人（軍畑付近）

り、さらに、解禁時間も早朝の「日の出」が多い。日の出解禁だと、真夜中に走って、明け方前に釣り場に着き、寒い中を震えて待たなければ、いい釣りは難しい。平日で、しかも日の出なんて、サラリーマンには、ちょっときつい。

私は、若い頃は、無理して早朝解禁に行ったが、最近では、正午解禁の多摩川本流に行くことが多い。多摩川本流では、羽村堰から上流、奥多摩駅付近まで、解禁前に、大量のニジマス、ヤマメ、イワナが放流される。放流されるのは、橋の付近など入渓しやすい場所で、その放流箇所なら、どこでも釣れる。

そんな中、青梅から御岳付近の多摩川は、渓流らしさが段々と出てくる箇所であり、転々と大淵がある。私がよく行くのは軍畑《いくさばた》大橋付近の大きな淵だ。ポイントが広く人も集まっていたので、たまたまそこで釣るようになった。その淵は落ち込みがあり、落ち込みからグッと深くなっている。寒い時期の魚は、流れがあまり速くない深いところに集まることが多いので、このような淵が絶好のポイントになっている。

川に10時頃着いて、準備をする。他の人に比べ、遅い到着だ。春とはいえ、3月初旬の渓流はまだ寒いことが多いので、厚着をする。セーターの上に防寒着を2枚着ることもある。川に降り、場所決めは割り込みができないので、空いているところを探す。いいポイントは、徹夜組ではないかという人の竿が立ててあり、場所取りされている。そのため、私は、いつも淵の下流寄りの空いている場所に行く。解禁時のポイントは、流れが落ち込んだ深い淵がいいが、このような、落ち込みの後の深みが段々浅くなり、ゆっくり流れる淵尻と呼ばれるポイントも釣れる。

　場所を決めたら、どっかと河原に座って、仕掛けの準備をする。一段落したら、おにぎりを食べ、目の前の流れを見ながら、解禁時間を待つ。水の中を眺めると、流れで波立つうっすらとした緑色の水の中で、泳ぐ魚が見えることもある。解禁前は、相当な数の魚がいるので、姿を見せる。ジーッと、川のあちらこちらの水面を見ていると、いろんなことを忘れて、ただただ「釣りたい」という気持ちが自分の中から沸いてくる。これは本能のようだ。人間は、案外、単純に太古の本能の延長によって遊びや仕事をしている。川を見て思いにふけっていると、「ケッ、ケッ」と鳴き声が聞こえる。空を見上げるとヤマセミが飛んでいく。そんなこともあった。

　12時の10分くらい前になると、皆、準備が終わり、竿を持って川岸に立ち、合図を待つ。竿を岸に置いたままで、どこかで待っていた釣り師もやってきて、ポイントの川岸にはズラッと釣り人が並ぶ。

解禁時間だ、さあ釣り開始

　12時になる。近くにいた監視員が笛を吹く。すると一斉に、仕掛けを川に投げ込む。「やっとだ」という思いで、仕掛けを川に投入する。渓流ファンにとって、待ちに待った瞬間だ。すぐには釣れないが、何回か仕掛けを流すと、ゴツゴツというアタリがある。合わせるといい引きだ。初物はうれしい。この川は、20センチ級の中型が放流されるため、引きも楽しめる。かかる魚はニジマスが多いが、ヤマメも結構釣れる。ときにはイワナも釣れる。ヤマメやイワナの20センチ級は、普段では簡単に釣れないが、解禁日は、よく食いついてくる。この入れ食い状態は、本当に夢中にさせる。「ヤッター」、

「ヤッター」という釣れたときの気持ち良さが連続する。

　人が多いので、混んでいるポイントでは、他の人の仕掛けが流れていないタイミングを見はからって、振り込まなくてはならず、面倒な面がある。しかし、釣りは、釣れること自体が楽しい。解禁時間後1時間くらいはよく釣れるが、それからは徐々に釣れなくなる。突然のように食いが止まることもある。釣れなくなったら、他のポイントに移動する人も出てくる。しかし同じ場所でも、思い出したかのように釣れることがあるので、粘るのもおもしろい。


　多摩川の解禁日での私の釣果は、数匹～20匹。37匹釣ったこともある。他の人も多少の差はあっても、平均すると同じようなものだと思う。渓流釣りでは、解禁日以外ではほとんど経験できない大漁だ。

　解禁日は、あまり川を歩いて移動せずに、放流箇所でじっくりと釣る。釣りに集中するため、自然を楽しむような出会いが少なく、ちょっと寂しいが、魚は釣れる。釣るからには、大漁にあこがれるのは、当然といえば当然。日本の川では、どこへ行っても夢のような大漁を経験することは、なかなか難しい。解禁日は、その夢を実現できる特別の日である。

解禁日の釣果の例

※川釣りでは、魚種によって禁漁となっている場所、期間、入漁料が定められています。漁協、釣具店、釣り専門誌などで確認が必要です。

復活した魚と中下流での釣り

中下流では、コイ、フナ、そして、小魚が多い。ところによっては、びっくりするほどたくさんいる。自分の目で見た経験では、聖蹟桜ヶ丘の支流大栗川の合流点付近に行くと、30～50センチのコイが、何十匹と目の前の浅い流れに見えた。また、八高線下の水溜りには、ハヤや小魚がたくさん群れていた。川が大きく、水もきれいになってきているので、魚は相当多いのではないか。しかも、多摩川の中流から下流は、意外に釣り人は多くはないように思える。川沿いを走っていても、一部の箇所を除き、河原にはあまり釣り人は見かけない。また、釣り人も、コイやフナなどの場合は、釣れても逃がすので、釣られても魚は減らない。主な天敵は、人よりも鳥だろう。特に、カワウの被害が多いらしい。逆にいうと、魚を食べる野鳥が多く集まるほど、魚影が濃いということだ。

私は、小学校の頃、多摩川の是政付近で、何度か友達と釣りをした。40年ほど前のことだが、その頃は、小学生がわざわざ電車に乗って出かけるのは、ちょっとした冒険だった。友達と外で遊ぶこと

水質改善でもどってきた魚

渓流ばかりでなく、多摩川の中下流でも、もちろん釣りを楽しめる。30年ほど前は、「死の川」と呼ばれ、水が汚く、魚も減った時代があったが、今は、都会の川とは思えないほど、数も種類も多い。国土交通省の調査結果を見ると、多摩川全体で77種の魚が確認されているという。その中では、絶滅のおそれのある野生生物のレッドデータブックに載っているものも7種いるらしい。そして、アユはもちろん、今ではサケも遡る。

八高線の橋下付近でハヤを狙う釣り人

が多かった時代であり、近所の空き地や公園で、ボール遊びやメンコ、ビー球などいろんな遊びをした。そんな遊びの中で釣りは何か特別なワクワク感があった。ただの遊びではなく、獲物を捕るということだからだろうか。どんな魚が釣れるのか期待いっぱいで行ったものだ。そして、ときには、フナやクチボソなどをたくさん釣って、家にあった鉢で飼ったこともある。しかし、今の河原を見ていると、子どもだけで釣りをしているグループは、ほとんど見かけない。趣味の多様化や塾通いの影響もあるかもしれないが、むしろ、テレビゲームの舞台で狩猟や格闘をしているので、自然そのものには興味がないのかもしれない。このことに気がついて、少し寂しい思いがした。

　私は、中学校からしばらく釣りをしなくなったが、大学を卒業する頃から、なぜか惹かれるものがあり、また、始めた。いろんなところに行くうちに、上流での渓流釣りに夢中になってしまったが、多摩川中流でもフナ釣りやヤマベ釣りを楽しんだことも何度かある。

中下流で楽しめる いろいろな釣り

　中下流で見かける釣りは、ハ

ヤ・ヤマベ釣り、コイ釣り、ヘラブナ釣り、小物釣り、アユ釣り、フライフィッシングやルアーフィッシングが主なものだ。

ハヤ・ヤマベ専門の釣りは、中流でも比較的上流域で見かけるが、特にハヤやヤマベを狙うのではなく、小物釣りとして、どこでもやられているようだ。ハヤはウグイともいい、ヤマベはオイカワともいう。リールのない延べ竿で、ウキ、オモリ、針だけの簡単な仕掛けに、エサは、川で取れる川虫や釣具屋で売っている赤虫やサシ、ミミズや練りエサなどをつけて、少し流れのあるところで釣る。

羽村の堰堤下で見かけたグループは、川虫餌で釣り、その場で、七輪で焼いて食べていた。普通はあまり食べない魚だが、釣りたてはおいしいのだろう。八高線の橋下の堰堤の下流でもハヤ釣りをしている人を多く見かけた。いい深みがあり、釣れそうなポイントだ。私は、何度か、サシという虫のエサで、是政付近でヤマベ釣りをしたことがある。渓流釣りと同じように、流れのあるところを狙うと、小さい割に、いい引きで釣れてくれる。

コイ釣りは、中下流で、よく見かける。岸辺にリール竿を立てかけているのですぐわかる。代表的なコイ釣りの方法は、ブッコミ釣りといい、リール竿に大きなオモリとその先の吸い込み針にエサをつけた仕掛けで、エサを遠くへ飛ばし、置き竿にする。エサは、釣具屋で売っている練りエサや芋ヨウカンなどいろいろだが、それらを小さな針がたくさんついている吸い込み針の回りに団子にして釣ることが一般的だ。河原にいくつかの竿を並べている人が多い。見ているとそれほど頻繁に釣れるようではないが、かかると40~60センチが多く、ときには80センチくらいの大物も釣れる。昔から機会があればやりたいと思っている仕掛けをぶっこんでおけば、アタリがあるまで草の上で寝転んで、待っていればいい。コイの釣り方は、こればかりではなく、延べ竿でフナ釣りのように釣る人もいれば、意外にも、リール竿などを使って、パンをちぎってエサにし、浮かして流すだけでも食いついてくるという。最近では、フライフィッシングで釣る人も増えているようだ。

簡単なようで奥が深いヘラブナ釣り

ヘラブナ釣りは、専用の長いウキと、やわらかいこれも専用の竿、サオ掛けや釣り座、玉網などもしっかり準備して釣る。この釣りは、見た目には、じっとウキを見て待っているだけというイメージで、何がおもしろいのかと思うかもしれない。しかし、「釣りは鮒《ふな》に始まって鮒に終わる」という。小物釣りでも釣れるコブナは、初心者でも比較的簡単に釣れるが、ヘラブナとなると工夫が必要なことが多く、奥が深い。実は、このヘラブナ釣りは、思考とスピードが必要なおもしろい釣りなのである。エサのつくりから、タナ（深さ）の取り方、微妙なウキの動きから瞬時にアタリを取る技などの組み合わせで釣果が大分違ってくる。一時、私も、この釣りを近くの釣堀などで何度かしたことがある。それでも、結構、楽しめた。シンプルなようで、実に複雑。エサもブレンドした練りエサを使うことが多いがその組み合わせが難しい。ウキの動きもいろいろなパターンがある。そのウキを見て、魚が近くに寄ってきて突っついているときと、クチに吸い込んだときとの動きを区別し、吸い込んだ瞬間に合わせ、魚を針にかける技術が必要である。かかると細く柔らかい延べ竿で引きのいい大物を取り込む醍醐味がある。この竿を通じてブルブルと手に伝わる感触は、とても心地よい。ヘラブナ釣りは、ヘラブナを狙いながら、コイや小物を楽しむこともできる。多摩川では、流れの少ない箇所やワンドなどで見かける。

中流の池（ワンド）で釣る人

特に、登戸の多摩川水道橋付近は、名所らしく、休日には何十人という人が並んで釣りをしている。また、拝島や多摩大橋辺りの河原を歩くと意外なところに、池があり、穴場的な雰囲気で、静かに釣りができるようだ。一方、下流でも、いろんなところで見かける、川の中に釣り座を設けて釣っている人もいる。広い河原で爽快な気分だろう。東海道新幹線の橋の付近でも、川中で並んで釣っている風景

多摩川水道橋付近で釣る人々

東海道新幹線の橋の近くで釣る人

が見られる。

テトラポットの間を狙う 小物釣りや人気のアユ釣り

小物釣りは、あまり流れがない深場がいいようだ。子ども連れもときどき見かける。ハヤ、ヤマベ釣りと同じく、ウキ釣りに、赤虫や練りエサなどをつけて釣る。いろんな魚が釣れるようだが、クチボソ（モツゴ）、オイカワ、コブナ、小コイ、モロコがメインのようだ。子どもと一緒に遊ぶにもいい釣りだ。

多摩川では、これら魚を釣る意外なポイントは、テトラポットの間らしい。適当に水があるテトラポットの下は、流れが弱く、外敵が少ないので、小魚にはいい隠れ家になっている。そのため、その間のわずかな水面に、仕掛けを入れることで釣るのである。コンクリートの間の穴で釣る、「穴釣り」だ。

アユ釣りは、川釣りの中では最も人気のある釣りの1つ。この釣りは、上流部の釣りとのイメージがあるが、多摩川の中流でも釣れる。以前は川が汚れてアユが遡らなくなったらしいが、今は水が少しきれいになって100万尾を超える遡上があるという。また、漁業協同組合によって、放流もされている。なんと、昭和初期には、多摩川は、日本を代表するアユの川、本に選ばれていたそうだ。アユ釣りは、縄張り争いを利用したオトリとなるアユを仕掛けの先につける友釣りが有名だが、この付近は、コロガシ釣りがメインらしい。コロガシ釣りとは、オモリの下にエサをつけないカケ針をたくさんつけた仕掛けで、川底を転がして魚を引っ掛ける釣りだ。アユ釣りは、渓流魚と同じく、禁漁期間があり、夏の前後がシーズンだ。流れがあるところを、長い竿で釣っている。多摩川でも20センチくらいの良型も釣れ、食べてもおいしいらしい。

フライフィッシングが静かなブームに

フライフィッシングも意外に行われている。特に、コイをフライフィッシングで釣る人が増えているようだ。以前、府中付近の用水が合流している地点で、何人もこの釣りをしている人を見たことがある。短時間の間に大きなコイを何匹も釣っていた。コイが浮いて流れるパンなどを食べるので、それを模して釣るらしい。エサ釣りよりも釣れることがあるようだ。平均サイズが50センチくらいあるコイなので、引きも強く、おもしろそうな釣りだ。登戸付近の二ヶ領宿河原堰や丸子橋付近の調布取水堰の下でも、何人かこの釣りをしている人を見かけた。

調布取水堰から下流は、海水が入る汽水域だ。ここから河口は、海を行き来する魚が釣れる。その中で、ゲームフィッシングとして、人気があるのがシーバスと呼ばれるスズキ釣りだ。スズキは、ブラックバスと同じようにルアーで釣れ、しかも、40センチから最大で80センチくらいと大型がかかるので、釣りとしてはおもしろいだろう。また、バスといえば、ブラックバスもこのエリアで数少ないが釣れることがあるらしい。

調布取水堰でフライフィッシングする人

そのほかにも、夏から秋の河口付近では、ハゼ釣りができる。この釣りも、川の小物釣りと同じような、延べ竿にウキとオモリと針だけという簡単な仕掛けで、アオイソメやゴカイ、ミミズなどをエサにして、比較的簡単に釣れる。釣れるときは、１００匹くらいのこともあるらしい。天ぷらにして食べるとおいしい。また、春に海から遡上するマルタウグイというウグイの一種も、シーズンには、40～50センチくらいのものがよく釣れる。さらに稀だが、ボラ、ナマズ、草魚、雷魚など、いろんな魚が釣れることがあるという。サケを釣った人もいる。調布取水堰の下で釣りをしていた人に、この辺で何が釣れるか聞いたことがある。その人の答えは、ハゼ、ボラ、スズキなどいろんな種類が釣れ、「結構、いますよ」とのことであった。

都会の近くの川で、これだけの釣りができる。多摩川は、釣りでもロマンがあるのではないか。

多摩川に魚がもどってきた理由

何年か前にＮＨＫで「大都会にアユ百万匹　多摩川　奇跡の復活」と題した放送があった。アユもマルタウグイもいったんは、多摩川から姿を消した魚。この番組では30年前、水質汚染で「死の川」と呼ばれた多摩川が、見事によみがえり、アユが産卵している様子を放映していた。アユが、１００万匹戻るほど復活した理由は、下水道の整備、アユが育つ砂浜としてお台場の人工砂浜、そして、魚の遡上をしやすくした堰堤の改良だという。

どの程度「死の川」だったかというと、水質の汚濁を示す指標でＢＯＤという数値があるが、それが、３㎎／Ｌまでは水道水として何とか使えるが、10㎎／Ｌを超えると、ドブのような不快感のある水になるという。多摩川は、調布取水堰の辺りで、１９７０年頃に11㎎／Ｌ程度になっていた。そして、水の汚れによる水質事故も頻繁に起き、魚が死に浮上するような事故が、１９７０年から74年頃まで、毎年10件以上も発生している。これは、家庭や工場の下水、排水をそのまま川に流したためであり、調布取水堰の下では、洗剤による泡が、水面が見えないほどにあったという。しかし、その後、下水道と下水処理が普及し、水をきれいにしてから川に戻すようになった。また、工場等の排水規制、河川浄化施設の建設なども行われ、その結果、２０００年頃から、ＢＯＤが２㎎／Ｌ以下となったという。

また、アユが海で育つには、浜辺が必要だ。東京付近では開発によって、岸がコンクリートに固められ、浜辺がなくなったが、最近になってお台場に人工の浜辺が造られた。意外にも、そこで子どものアユが育つらしい。そして、下流の堰堤には、魚が上りやすい魚道が整備された。これらが、アユの復活に役立ったらしい。みんな人間の技術の成果だ。

小平市ふれあい下水道館で下水道管に入る

この中でも特に下水道が整備の効果が大きいだろう。本で見た水質の統計データでも、水がきれいになっている。小平市に「ふれあい下水道館」という展示館があるので行ってみた。そこでは、下水の仕組みや歴史の展示のほか、実際の下水道管に入って見ることができる。地下5階の部屋から、丸い下水道管の中に入ることができ、下水の流れが見られる。内径4・5メートルの管の底の部分に、茶色く見える水が流れていた。その見学ができる橋の付近のみ照明で照らされているが、他は暗闇につつまれた丸い筒を単純に水が流れていく。ほとんどの人が意識しない地下深くに、人間が造った空間があり、このようなもう1つの水の流れがある。東京都の95%は下水道化されているというので、各家庭から、下水処理場まで目に見えない水のネットワークがあるわけだ。社会を支えている重要な仕掛けは、実はこのような見えないところにあると感じる。集められた下水は、下水処理場で、微生物や生物膜、化学処理などの方法で、きれいな水に処理され、多摩川に流される。この技術のおかげで、BODの値で98%の汚れを除去しているらしい。このようなネットワークや処理技術など下水道の仕組みを作ったことは、なかなかなことだと感心する。

下水道管内部の下水の流れ

人間の技術と試みで、自然環境が戻った。技術は自然を壊したが、自然を復活させるのも技術のようだ。そして、川の自然を取り戻そうとする人々の意思があったことも重要。このような自然の復元に対する技術の適用と人の意思が、もっと広まるといい。

登る

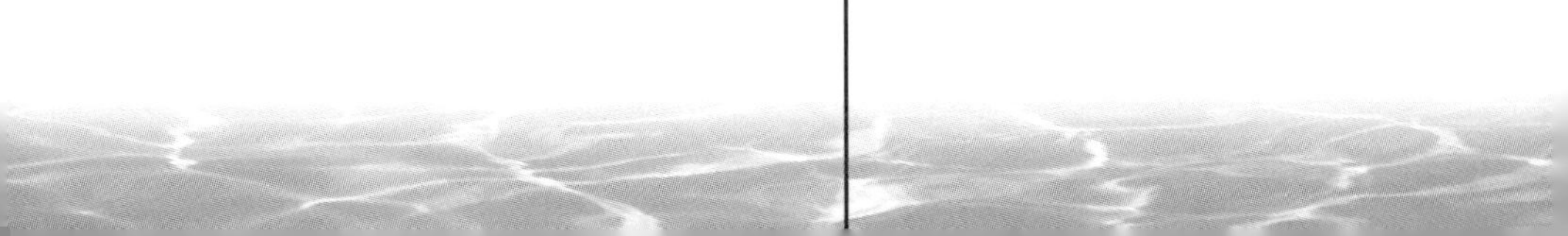

公園のようになった三頭山を登る

山を歩いて、大自然にふれあう

多摩川の上流域は、国立公園の中にある。秩父多摩甲斐国立公園の東部の地域に位置している。国立公園といってもほとんどが山と渓谷の地域だ。この付近は、断層の隆起でできた山地で、雲取山や甲武信《こぶし》ヶ岳《がたけ》、金峰山《きんぷさん》へと２０００メートル級の山脈が連なっている。最高峰が２６００メートルの北奥千丈岳であり、２０００メートルを超す山が20以上もある。都会近くにしては、なかなかの山岳地帯だ。

多摩川は、これら山脈の中、水干のある笠取山を最奥とし、西に向かう唐松尾山《からまつおやま》、飛竜山《ひりゅうさん》、雲取山の稜線と、南から西へ向かう大菩《だいぼ》薩嶺《さつれい》から三頭山《みとうさん》への稜線の間の地域に降った雨が主な水源となる。

笠取山と唐松尾山、飛竜山付近から、最上流の一ノ瀬川が流れ出し、飛竜山と雲取山の間からは、支流の後山川が流れている。唐松尾山は、多摩川流域の最高峰で、２１０９メートルある。その東、東京都の最高峰の雲取山（２０１７メートル）から東側は、支流の日原川を挟んで、南側と北側の２つの尾根がある。南側の尾根は、石尾根といい、七ツ石山、鷹ノ巣山を経て、奥多摩駅付近まで続く。もう一方北側の尾根は、長沢背稜といい、酉谷山《とりだにやま》、天目山《てんもくさん》、棒ノ折《ぼうのおれ》山《やま》、川苔山《かわのりやま》を経て、軍畑駅付近まで続く。その尾根の北側は、多摩川ではなく、荒川水系に流れる。

笠取山の南側に位置する大菩薩嶺（２０５７メートル）も多摩川周辺を代表する主峰だ。この山と笠取山との間では、こちらも最上流部の柳沢川、泉水谷、小菅川が流れ落ちている。

大菩薩嶺から東に辿ると三頭山になる。そこから尾根は、南側と

三頭山山頂

北側の2つの尾根に分かれ、その間に秋川が流れている。南側から東に向かう尾根は、笹尾根と呼ばれ、長く、陣馬山、影信山、高尾山まで続く。陣馬山、高尾山辺りから流れる浅川も多摩川の支流だ。この笹尾根の南側に流れる鶴川は、多摩川ではなく、相模湖に流れ込み、相模川になる。三頭山の北側から東に向かう尾根は、御前山《ごぜんやま》、大岳山《おおたけさん》、御岳山《みたけさん》、日の出山と続き、日向和田駅や五日市辺りまで続く。

　これらの中で、三頭山、御前山、大岳山は、奥多摩三山といわれ、奥多摩湖南岸の代表的な山々だ。どの山も日帰り登山に適した高さとアプローチである。三頭山は、この中では、一番高く、1528メートル。近くには、御前山と三頭山の稜線を越える奥多摩周遊道路があり、中腹に檜原都民の森ができたので、あまり構えなくとも山歩きを楽しめる。施設や登山道が整備され、公園のようになったが、それでも十分自然が残っている山だ。

　私が初めて三頭山に登ったのは、山岳部に入っていた高校1年の頃、30年以上前になる。山岳部なので、当然、格好は本格的な登山姿。皮の重たい登山靴に厚い靴下、膝までのズボンのニッカ、登山用のシャツ、帽子にリュックである。特に足回りは、強固だ。その当時は、奥多摩周遊道路ができていないので、奥多摩湖沿いの深山橋から登りだした。湖畔から登ると、標高差が1000メートル近くある。急な坂が続く。まだ、入部間もない私は、苦しい思いをしながら、この坂を登った。時間もかかり、きつかったが、冬の晴れた日であり、視界を妨げる木々の葉もなく、展望は最高。山頂からは、奥多摩湖はもちろん、富士山をはじめ、雲取山方面、大菩薩方面がよく見えた。他の登山者にはほとんど会わず、静かな登山ができた。たまに会う人は、登山を本格的にしている人だった。

その山岳部の時代に、個人での山行を含めて、多摩川上流域の山々にはよく行った。ほとんどの山に登ったが、その中でも、三頭山は、学生時代に3回ほど登り、私の好きな山の1つとして思い出に残っている。大学に入って、高校時代の山仲間がバラバラになってからというもの、この山には訪れなくなった。

檜原都民の森のおかげで登りやすい山になる

平成2年に奥多摩周遊道路沿いに東京都の檜原都民の森ができ、この付近は、一気に行きやすくなった。山奥に2階建ての立派な建物、森林館や木材工芸センターが建てられ、大駐車場も完備し、登山道や見晴台なども整備された。三頭山頂上の近くにできたので、そこからハイキング気分で登山できる。本格的に登山をするほどの気力と体力と時間がない、サラリーマンにはちょうどいい。

そんな三頭山に、久しぶりに登ろうと、都民の森にやってきた。この辺は、森に、「ブナの森」、「野鳥の森」、「冒険の森」などの名前がついており、道にも、「大滝の路」、「かおりの路」、「探鳥の路」、「ブナの路」などと名づけられている。その日は、大滝の路から沢沿いのブナの路を選ぶ。途中、三頭大滝がある。落差約35メートル。岩盤を細い水流が落ちるきれいな滝だ。ここまでは、都民の森の森林館から平坦な大滝の路で、20〜30分ほどで来られるので、訪れる

野鳥観察小屋の中

人も多い。しかし、登山としては、この先がおもしろい。滝を過ぎると本格的な登山道になる。多摩川の源流の1つ、三頭沢沿いを整備されたブナの路を登る。道が整備されたといっても、山と自然の風景は、昔と同じ。美しい森がある。周囲は、ブナの森、道はブナの路というくらいに、ブナが混じっている天然林だ。モミジも多くあるので、紅葉はすばらしい。きれいな樹林帯の中、沢を横切りながらゆるやかに登る道で、美しい渓流と様々な木々が目を楽しませてくれる。

大滝の路は人が多かったが、登山道のブナの路になってもよくすれ違う。この日は、紅葉シーズンの休日、しかも快晴なので、人が多いのはやむをえないと思う。試しに、何組のグループと出会うかを数えることにした。昔と比較してみようと思い立った。

野鳥好きにはたまらない野鳥観察小屋

途中、ちょっと横に入った道にある野鳥観察小屋は、野鳥に人の気配がわからないように、小さな窓になっている。双眼鏡で覗けるくらいの縦の幅が顔より少し小さいガラスがない窓だ。椅子が、窓に向かっているので、座ったまま、外をじっくり観察することができる。野鳥が多いときは、ここに長時間いても飽きないと思う。虫のつきそうな古木の他、水場やエサ台があるので、野鳥が集まるのだろう。以前登山でなくここに来たときは、古木にゴジュウカラという珍しい鳥が来ていた。

しかし、その日は、鳥よりも人の方が多いとも思えるくらいだった。数人で来ているグループも多く、ワイワイガヤガヤとしている。観察小屋の周辺に人の声が途絶えないので、これだけ賑やかだと、鳥も近寄りそうにないと感じる。もともと秋から冬は、山には野鳥が少なくなる。暖かい南や平地に移動し、多摩川ではむしろ中下流の方が種類も多くなる。観察小屋の中に入って、椅子に座りしばらく外を見ていたが、やはり野鳥の気配はない。この日は空振りだったが、春から夏のシーズンに来るといいところだろうなと思う。

三頭山の山登りはハイキング気分

野鳥観察小屋を後にし、ブナの路に戻ると、道は、樹林帯の中を、ぐんぐん高度をあげる。紅葉の樹、太い樹、朽ちた樹と様々な樹木が、目を楽しませてくれる。そんな景色を見ながら登りつめると、尾根に出る。笹尾根のムシカリ峠というところだ。この尾根は、三頭山からはるか高尾山付近まで続く長い距離があるが、この峠から三頭山とは反対側の陣馬山との間は、静かな登山を楽しめるところらしい。奥多摩には、このようなあまり人が入らない尾根がいくつかある。

山頂への道は、尾根に出ても、よく人とすれ違う。赤ん坊を抱いた人もいる。

ここでも立派な木が目立つ。青空に白く突き上げるような古樹の存在感がすばらしい。尾根の上なので、御前山や大岳山の方向や丹沢、富士山方面の両方が見える。そんな周りの風景を楽しみながら、1時ちょっと前に頂上到着。11時頃歩き始め、2時間弱で着いた。

お昼頃の頂上は、20組くらいの人が食事をしてくつろいでいる。大勢いるが、広い頂上なので、窮屈ではない。そして、30年前と同じく、展望がいい。北から西方面は、奥多摩湖を眼下に対岸の鷹ノ巣山、東京都最高峰の雲取山、御前山、大岳山、そして、富士山も見える。

食事をした後、東側の道から都民の森へ下る。途中、東峰に整備された展望台がある。ここから東京方面の眺めがいい。双眼鏡で見ると、新宿の高層ビル群が見える。山から都会を見ると、何故だか自分がここにいることに満足した気分になる。

この日は、東側の尾根からコマドリの路を降りる。コマドリは、日本三鳴鳥の1つであり、姿も美しく、一度会いたいと思っているがなかなか出会えない珍しい鳥だ。時期によっては、その「ピルルルル」という美声を聞けるのだろう。この辺は、「野鳥の森」であり、少し植林した針葉樹が混ざるが、ときどき、モミなどりっぱな樹がそびえるように立っている。

急な坂を下ったあと、尾根を巻くような平坦な道をどんどん歩き、森林館まで降りる。頂上から1時間半くらい。ここまで来れば、もう安心。立派な森林館があり、下の駐車場まで、舗装した歩きやすい道になっている。

山そのものや景色は30年前と比べ変わらない。整備されても自然が残る山で、快適な登山ができた。

さて、何組の登山グループと出会ったか。結果として、数えだしてから、１０７組と出会った。２００人以上だ。人数ばかりでなく、いろんな人が登っていた。赤ん坊や犬と一緒の人など、まるで登山の格好ではない人々。子ども連れが多いことは、微笑ましいが、ちょっと心配に思う。山は天気が狂うと恐ろしいからだ。霧がかかるとほとんど前が見えなくなる。また、そうでなくても道に迷うこともあり、注意が必要だ。

とはいえ、この日のような秋晴れの日は、これだけ道が整備されていると登りやすく、景色もよく、気持ちがいい。多くの人がこの自然を満喫することは、いいことだと思う。ここでのふれあいで、自然愛好家が少しでも増えるといい。

雲取山と奥多摩湖

【地図】※都民の森、三頭山

風張峠へ
鞘口峠
山菜の路
生活の森
○木材工芸センター
スポーツ歩道
森林館
冒険の森
鶴峠へ
三頭山東峰
(1,528m)
三頭山中峰
(1,524m)
展望台
ブナの路
コマドリの路
探鳥
の路
回廊の路
かおりの路
出会い
の森
P
奥多摩周遊道路
奥多摩湖へ
五日市へ
野鳥の森
大滝の路
野鳥観察小屋
ブナの路
ケヤキの路
ムシカリ峠
三頭沢
ブナの森
三頭大滝
南秋川
深山の路
石山の路
笹屋根

■奥多摩湖周辺の見どころ

奥多摩湖は、小河内ダムでできた周囲45キロの大きな湖である。見どころとしては、まずは、ダムの付近。高さ149メートルのダムは、その上が遊歩道になっている。ダムの上から下を眺めると高度感があり、すごいものを作ったと圧倒される。ダムサイトには、奥多摩水と緑のふれあい館があり、水源林やダムの仕組み、奥多摩の自然、歴史、民族などを紹介している。平成10年にできたもので、比較的新しい。この付近は、サクラの名所でもある。湖北側の山の斜面に1万本もあり、湖面と一緒見る桜は、格別である。開花が遅く、4月中旬が見ごろになる。

珍しいものとして、ドラム缶の浮力で浮く、浮き橋がある。小河内神社と麦山を結ぶ橋と留浦付近の2箇所にあり、急な斜面で湖畔に降りられる場所が少ない奥多摩湖では、数少ない水辺に接することができる場所である。麦山の橋は、三頭山の登山道としても使われている。

奥まった湖の南岸に東京都の自然体験施設、山のふるさと村がある。ここには、奥多摩周遊道路からの道路があるが、小河内神社の浮橋から歩いていくこともできる。サイグチ沢に沿った広い園内で、キャンプやトレール、自然体験、工作体験などができる。また、ダムの下には、奥多摩むかしみちがある。この道は、奥多摩駅付近から小河内ダムまでの旧青梅街道を歩く4時間くらいのハイキングコースだ。下から見上げる小河内ダム、吊橋のしだくら橋から見る惣岳谷など迫力ある景色が体験できるほか、道祖神や地蔵などもあって昔をしのぶこともできる。

人より鹿が多い西谷山を訪ねて

手つかずの自然が残る日原川上流域

歩き始めてから、聞こえた音は、沢の流れる音と鹿の鳴き声。あとは、わずかな野鳥と風の音くらい。本当に自然だけの世界だった。

東京都の最高峰、雲取山の東側は、奥多摩駅付近で多摩川と分かれる日原川が切れ込んでいる。その北側には長沢背稜と呼ばれる西谷山、川苔山にかけての稜線が、南側には、七ツ石山、鷹ノ巣山と続く石尾根がある。この日原川上流域は、訪れる人も少ない地域で、交通の便も悪く、奥には簡単には入っていけない。

その一角の西谷山に登った。登山をする人の間でも、あまり知られていない山だ。この山には、学生時代の思い出があり、久しぶりにやってきた。眺めもあまりよくなく、これといった特徴もない山だが、天然林が続き、人が少なく、静かな点がいい。

日原鍾乳洞から続く、長い小川谷林道から登山道に入る。いきなり深い谷底が見える斜面沿いの細い道になる。もし落ちたら、100メートルはありそうな川底まで転げ落ちそうだ。身体の幅もないくらいの急斜面の道を行く。本格的な登山を長年していないサラリーマンには、戻ろうかと思うくらい怖い。しかし、大自然の中に入るには、この程度のことは乗り越えなくてはならないと我慢し、ヒヤヒヤしながら歩く。

木々が葉を落とした12月。緑や紅葉がなく、ほとんどベージュの世界。寂しいといえば寂しいが、木の幹の合間からよく景色が見える。この辺は、ほとんどすべてが天然林で、常緑樹の緑が見当たらない。さぞかし、新緑や紅葉はき

小川谷林道から見上げる酉谷山

れいだろうと思う。

道は徐々に高度を落とし、川に近づくと「三又」という場所に着く。2つの沢が合流するところだ。両方とも、緑の苔が生えた石がところどころ落ち込みを作り、不連続にクネクネ曲がる、幅1~3メートルくらいの小渓流。何とも表現できないくらい美しい場所だ。

登山道は、また、川から離れる。高いところを歩いていても、美しい渓流がよく見える。そして、聞こえる音も水の流れのみ。落葉した山では、野鳥や昆虫も影を潜め、動くものは水だけになる。ベージュに枯れた山の懐を、苔で彩なされた岩や倒木を連ね、黒褐色に見える水流が、ところどころ白泡をたて、曲がりくねった線となって落ちていく。眠っている自然の中

晩秋の小沢（小川谷付近）

で、ここだけ血流のように生きているようだと感じながら、スリルのある道を歩いていく。

しばらくして、その高度感がある道から降りると、沢の近くを歩くようになる。落ち葉が道を埋め尽くしていたり、岩がゴロゴロしていたりで、歩きにくいところもある。しかし、道が整備されていない分、いかにも自然が豊かな場所だと感じる。

ケモノ道に戸惑いながら西谷小屋を目指す

途中、壊れた小屋がある。「旧西谷小屋」と小さな看板がついている。壁の板が半分はがれ、中がむき出しで、土間が見える。これでは、泊まることはできない。が、釣りエサの箱などがあるので、ちょっと雨をしのいだりするのに使われているようだ。また、「岩魚を放流した」と壁に書かれている。こんな山奥でもイワナがいるのかと思う。そこから、沢沿いをどんどん登っていく。やがて、水が大石の合間から出ているところで、水が消える。ここも多摩川の水源の1つだ。そして、道は、水がなくなった沢筋そのものを歩くようになる。水の音もなくなり、無音の空間になる。そのうち、向かって右の笹の中に入っていく道らしい踏み跡がある。沢筋の踏み跡よりも明確なので、そちらに入る。

そのとき、突然「キッ」と大きな音がした。静まりかえった山の中なので、びっくりした。何かと思った。１００メートルくらい先だろうか、山の斜面に動くものが見えた。最初はよく見えなかったが、走り去っていく後ろ姿が目に入った。大きな動物で、はっきりと白い尻が見えた。胴体の色は黒っぽかった。しかし、尻が白いので熊ではないと安心。鹿が増えていると聞くので、多分鹿の声だろう。

そして、少し歩くと、道に糞がたくさんころがっていた。２～３センチくらいの角丸の黒い円柱体が何十個とまとまって落ちている。写真を撮って帰り、後で調べたら、ニホンジカのものだ。

その道をさらに行くと笹の中で道が細く、はっきりしなくなる。「おかしい」と思い、先ほどの、沢筋のところに戻る。沢筋の上にも踏み跡があり、こちらが登山道のようだ。どうやらケモノ道に入っ

鳩ノ巣付近で出会ったニホンジカ

ニホンジカのフン

たらしい。本に書いてあったが、この辺は、人よりも鹿が多いところだ。

沢の延長の道をどんどん登る。急な登りだ。苔で覆われた石が並ぶ、きれいな場所を通り過ぎる。

西谷小屋

やがて、急斜面のジグザグ道を登ると、突然、直線的な人工のものが見えてきた。西谷小屋だ。

「やっと着いた」と思う。登山道に入ってから、2時間半くらい。歩きにくい道だったが、何とかここまで無事に登れたと、ひと安心。

この小屋は、見るからに新しく、きれいだ。避難小屋だとは思えない。別荘のようなログハウス風のつくりになっている。昔と大分違う。

小屋に近づくと一気に展望が開けた。これまで歩いてきた小川谷を眼下に、遠くにうっすらと奥多摩の山々が見える。その風景に、人工物は一切見えない。小屋の中に入る。窓が2つ小川谷方面にあり、小屋の中からも景色が見える。建物内も整然としており、避難小屋にしては、きれいだ。外には、山の中にしては、清潔そうなトイレもある。暖かい季節ならば、ここに泊まるのも悪くはないと思う。私の記憶に残る昔の小屋のイメージと大違いだ。

実は、西谷小屋には思い出がある。30年ほど前、私は、大学受験で浪人した。その浪人時代に、同じ山岳部で浪人した同期の3人と、西谷小屋に泊まって勉強をしようと来たことがある。とはいえ、半分はゲームをし、遊んでいた。東京近郊では珍しく、明け方に流れ星を見ることもできた。ほとんど人が来ないところで、ひっそりと勉強と遊びができた。

そんな時代を思い出し、小屋の中で、感慨にふけって小休止する。登山者名簿があったので、そこに記帳する。「約30年ぶりに来ました。今でもいいところです」と。

山頂への道、木の表面がはげている

西谷小屋から頂上へ

すぐに、雲取山から川苔山方面へつながる長沢背稜の道に出る。天然林の中を平坦な道が続くようで、どんな道が続くのか、行ってみたくなる。しかし、日帰りだとそれは難しく、頂上への道をいく。上に登る道を行くと、すぐ稜線に出て、秩父側の風景が見えるようになる。こちらは、遠くに建物のような人工物が見える。秩父側の方が、開発が進んでいるようだ。

稜線の道を快適に登る。ところどころ、鹿が角をこすったのか、樹皮を食べたのかと思われる表面のはげた木がある。これが原因で、木を枯らし、森がなくなってしまうことが、今問題になっている。

小屋から10分程度で、頂上到着。いつの間にか、雲の中に入り、景色は見えない。もともと独立峰ではなく、頂上付近にも樹木があり、小川谷方面と秩父方面の少ししか展望は望めない。それでもいいのが、この山。展望を楽しむ山ではない。ひっそりとした原生林の雰囲気を楽しむところだと納得する。

下山中に出合った白い尻の動物

頂上到達の満足感に浸ったあと、来た道を下る。西谷小屋の前を過ぎ、どんどん下っていく。

途中、右側で、「キーッ」と、また、あの声がする。さらに下り、来るときにケモノ道に入りかかった付近では、すぐ近くで笹がガサガサする音がした。「熊」だと危ないので、手をたたいて音を発する。熊は、音がすれば逃げていく。出会い頭が、最も危険だ。すぐガサガサ音はしなくなる。

しかし、今度は、左側から、「キーッ」と聞こえる。さらに、左側で、「キーキー」叫ぶと、右側から、それに相づちを打つように、「キー」と聞こえる。遠くにまた、白い尻が一瞬見える。まだ、全体像が見えないので、何だかわからない。しかし、その動物は何匹もいる。私ひとりが囲まれているようだ。それまで人とは誰とも会っていない。少し、不気味にも感じるくらいだ。

少し下り、水が湧き出している付近に来る。今度は、右だ。斜面の高い位置に、姿が見えた。すぐに、首にかけている双眼鏡で追いかける。すると今回は、その動物が双眼鏡の中に入った。2匹見えた。形が確かに鹿だ。尻が白いが、他の部分は茶色だ。すぐ笹の中に入って、見えなくなった。さらに下ったところでも、左側の斜面で何匹もいる。双眼鏡に入ったのは、小さい。子どもだろう。家族でいるようだ。「人がいない大自然の中、家族でなかよく暮らしているのかな」。

登山道を下り終わって、林道に出た。そこにある指導標に「ニホンジカ捕獲の実施について」という案内が貼られていた。「ニホンジカによる森林被害を防止するため、奥多摩町内においてニホンジカの捕獲を以下により実施します」とのことで、この小川谷付近を含め雲取山周辺、天祖山周辺、川苔山周辺などで、散弾銃やライフル銃で捕獲するという。すなわち銃殺だろう。

鹿は、ササや草のほか、木の樹皮や枝、葉も食べ、木を枯らす。極端な場合、その場所は植物がない状態になる。すると、水源林の山の斜面は、裸の土地、はげ山になり、地面が水を保持する機能が

川苔山付近の鹿害といわれる斜面

低下するばかりでなく、土砂が川に流れ込む。崖崩れにもなるかもしれない。これが「鹿害」といわれている。そういえば、最近の新聞で川苔山付近が、鹿の被害で、はげ山になったことが報じられていた。

しかし、ここで悲しいことに気がついた。

今、出遭った鹿達は、人間に殺されるかもしれない。

「水源林を守るために」

ということは、東京の水を守るため、すなわち、我々人間のため、犠牲になる。

確かに、森林がなくなることは、きれいな川も荒れ、自然の損失。水源林がなくなると、土砂が流れ、谷やダム湖が埋まる。そればかりか、水を蓄える水源かん養機能もなくなり、水が枯れる可能性も高まる。都市にとって、大変なことだ。自然の原理では、森林がなくなり、食べ物が減れば、鹿も減少する。すると、長い間時間をおけば、やがて森林は復活するかもしれない。しかし、そんなときまで待ってられないのが、大都市の水源林だからだ。

　また、温暖化で、越冬しやすくなり、鹿が増えているという説もある。鹿は、冬に栄養不足で餓死することが多いというが、最近は、大雪も少なく、鹿には暮らしやすくなったという。こんなところにも温暖化の影響があるのか？

　多摩川の安定した水を得るために、このような鹿たちの犠牲もあるという悲しい現実がある。

　今日、登山道で、日曜なのに、人はひとりとして会わなかった。遇ったのは少なくとも数匹以上の鹿たちのみ。本当に静かで、人より鹿の多い山だ。30年前とは、西谷小屋が新しくなったことと鹿が増えたことだけが、違う。

　まだ、多摩川上流には、東京都でも、このような大自然が残っている。

　後日、川苔山近くの鹿害といわれる場所を訪ねた。鳩ノ巣から林道を歩いて登っていると、意外にも駅から30分くらいのところで鹿に出遭った。「こんな人里近くでも暮らしているのか」と思った。そして、大ダワ付近の鹿害といわれる場所は、山の斜面が土と石ばかりのガレ場の状態で、枯れた木の根がたくさん転がる異様な光景だった。土の表面の植物が死の状況だ。静寂の中、ときどき、石が転がり落ちる音がした。

泳ぐ

秋川で泳ぐ

ダムのない支流・秋川

川の中、目の前に魚が泳いでいる。秋川で泳ぎ、水中を、ゴーグルを通して見たときのことである。

長年東京に住んでいて、多摩水系で泳げるところがあるとは知らなかった。多摩川の中下流は、昔よりはきれいになったとはいえ、水が濁っており、とても顔をつける気になれない。また、上流の青梅付近から上は、水はきれいだが、水量が多く、深かったり、流れが速かったりで、適当な場所がないようだ。人が泳いでいる姿をほとんど見かけたことがない。本流は、奥多摩湖や白丸ダムに溜まった水を、導水トンネルで一気に下流に落としているため、勢いが強いのかもしれない。

支流の秋川には、ダムがない。また、本流に比べ流域も長くなく、落差も少ない。そのためか、それほど水量が多くなく、さらさらしている。そして、深過ぎるところも少なく、かといって浅い瀬ばかりではない穏やかな流れなので、入っても大丈夫そうに見える。また、秋川は、比較的水がきれいで、夏にはそれほど水温度も低くないようだ。水温は最高で22度くらい。ちょっと冷たいが、素肌でも何とか入れるくらいの水温になる。

秋川は、川遊びができるバーベキュー場や河川公園がいくつもあり、駐車場も完備しているので、シーズンの休日は多くの人が遊びにくる。この山間の渓谷も、レジャーランドのようになり、様々な遊びで、賑わいを見せる。泳ごうという人がいてもおかしくない雰囲気だ。

8月の暑い日に、妻、息子と五日市付近に遊びに行った。以前にも、とても暑い日に来たことがあ

川原でくつろぐ女性たちと泳ぐ親子

り、その思い出がとてもよく、また来てしまった。そのときは、秋川橋の下流で、水遊びをした。対岸に水中から顔を出した岩があり、その上から水の中に飛び込んで遊んでいる子どもがいて、とても楽しそうだった。私は息子と水に入って、もぐったり、泳いだりした。川の中には、泳いでいる魚が見える。水面から見える魚や釣られた魚は、よく見るが、水中で見る川魚は始めてだ。当然、活き活きと動いている。私も流れに向かって泳いでみた。水流に逆らうようにして、泳ごうとするが、プールのようにはスムーズには泳げない。魚のようにはなれないが、それでも冷たい水につかって遊んでいると身体がひんやりとリフレッシュした。

そんな思い出があり、暑い日は川の中もいいと思い、やってきた。この日も、河原ではバーベキュー、水辺では釣りをしている人が目立つ。水の中に入って遊んでいる人もいる。水着の人もチラホラ。子どもが多いが、中には大人も。水中を覗いて見たり、泳いだり、飛び込んだりして遊んでいる。

今回は、秋川橋から上流の小和

泳いで喜んでいる子ども

田の付近にした。堰堤があり、その上は広いプール状なので、ボートを持ち込んで浮かばせている人もいる。

我々は、空いているところにビニールシートを引き、自分の場所を確保したら、早速、水着になった。そして、水に入る。温水プールに慣れている身体には、真夏でも、ヒヤッとする。少し思いっきりがいるが、しだいに慣れていく。

水の中を見ると、別世界が広がる。ゴーグルを通して覗くと、小魚がたくさん泳いでいる。流水の中、上流に向かって、流されないように常に身体よじらせて泳ぐ魚の姿は、なかなかおもしろい。これは、自分も川に入らないと見られない光景だ。魚好きの私は、何だかワクワクする。2〜3センチの小さい魚が多いが、ちょっと深いところでは、手のひらくらいの魚も見える。堰堤の下では、流れが速くなっているが、こちらも魚が多い。やや深くなっているところを覗くと、何十匹という魚が、流れに抵抗して群れになって泳いでいる。銀色に輝きながら、ゆらゆらと動きながら、泳ぐ姿は、きれいだ。川底には、ヨシノボリのような魚が、石の間を上っていく。魚の区別がつくともっとおもしろいだろう。水中の魚ウォッチングや魚の写真撮影も、趣味として面白いかもしれない。

我が子は、水中を覗きながら、

網で魚を捕ろうとしている。4センチくらいの灰色にポツポツのあるドジョウのような魚を捕らえて大喜び。そのあと、2センチくらいの白い小魚も捕まえる。何かの稚魚だろう。残念ながら、大きめの魚は、さすがに網では捕らえられない。魚捕りの後は、堰堤の上の水面で、シュノーケリングをする。足にフィンをつけて、マスクを通して、川底を見ながら、浮かんで泳いでいく。深いところまで行き、20センチくらいの魚を見つけたと言って喜んでいる。

そんなこんなで、なかなか飽きがこない。それどころか、夢中が続く。夕方になって、妻と私は、夕食のことなどの現実が、頭に浮かんでしまう。「そろそろ帰ろう」と子どもに言っても、なかなかあがってこない。何度も繰り返し、やっとのことで岸に向かってきた子どもは、大満足。「また、来ようね。また、来ようね」という。「うん。うん」と大人の私も、同感する。川の中の世界は、結構楽しめるのである。

本によると、奥多摩湖の小河内ダムができる前、大正や昭和初期の頃、多摩川本流の青梅付近や下流の国立や府中の付近でも、海水浴場のように、泳ぐ人が多かったそうだ。プールが少ない時代であり、学校の授業でも、川で泳ぎの指導をしたこともあるとのこと。

ところで、日本中を見ても、このような川遊びができる箇所が少なくなっているようだ。私も釣りで多くの川を訪れたが、そういえば、泳いでいるところを見た記憶はない。気になったので、日本で泳げる川として、どのようなところがあるのか調べようとした。そうしたら、意外な結果となった。そホームページの検索サイトで、「泳げる川」をキーワードに検索すると、泳げる川自体よりも、「○○川を泳げる川に再生する…」「安心して泳げる川を取り戻す」のような現在の川の環境悪化を問題提起するサイトが目立つのだ。

これを見て、「『川で、人が泳がなくなった』ということは、大問題なんだ」と、気がついた。こんな楽しいことが、特に子どもが大喜びすることが、なぜか忘れられてしまっている。もしかしたら、川が汚れたからだけではないかもしれない。人の意識の変化もあるのかもしれない。

■秋川周辺の見どころ

最大支流の秋川は、本流に比べ奥深くなく、穏やかな地形でもあるので、遊ぶところ、見どころが多い川だ。本流合流点近くの東秋川橋付近やサマーランド前、武蔵五日市駅すぐ近くの秋川橋河川公園など、水遊びやバーベキューができる公園がいくつもある。五日市の街を過ぎたあたりから、小さな集落がときどきある山間の様相になる。この付近は、キャンプ場が多く、また、渓流釣り、アユ釣りが盛んである。滝では、払沢の滝が有名であり、日本の滝百選にも選ばれている。落差60メートルあり、冬には、凍結することもある。檜原村役場付近から歩いていける。

支流の養沢川周辺には、見学可能な鍾乳洞が、大岳鍾乳洞、養沢鍾乳洞、三ツ合鍾乳洞の3箇所ある。規模は大きくないが、異世界の洞窟探検は、結構おもしろい。秋川は、本宿付近で、北秋川、南秋川に分かれる。北秋川では、2枚の岸壁が左右にそそりたつ神戸《かのと》岩《いわ》が見どころである。都の天然記念物にもなっている。南秋川の奥、数馬の付近は、昭和初期まで「東京の秘境」と呼ばれていた。数馬の集落には、檜原温泉センターがあり、さらに奥の三頭山付近には山岳森林公園の檜原都民の森がある。

なお、あきる野市には、大悲願寺を始め、寺院、神社、遺跡なども数多い。大悲願寺には、国指定の重要文化財もある阿弥陀三尊像などがあるほか、他の場所にも、都や市指定の文化財や史跡など数多くある。詳しくは、武蔵五日市駅の付近には五日市郷土館、北秋川には、檜原村郷土資料館があり、付近の歴史や名所旧跡、自然などの情報が得られる。

拾う

流木や石を拾う

泉水谷で拾った奇妙な木片

川は、自然のかけらを流してくれる。大雨の後、激流によって、地表の木片や山の石などを下流に運ぶ。そのため、河原には、くだけた岩石が敷きつめられ、芯だけになった流木が点在する。何でもない川の風景だが、考えてみると、水辺でしか見られない。そのかけらの一つひとつに目をやると、そこには違った世界が見えてくる。

美渓流の泉水谷で釣りをしていたときのことである。浅い瀬の中、小さな流木が目に入った。水面から頭を出した石に、奇妙な形の木片が挟まっていた。手のひら程度の大きさの九の字に曲がったものだが、形のおもしろさに加え、長年の水流に削り取られた木肌の感触が、何かを語りかけているように感じた。微妙な曲がり具合とこすれた表面が、自然の奥深さを連想させる。ふと、思い立ち、持ち帰ろうという気持ちになった。

家で見ても、何か味があり、今でも、家の中に飾っている。一見何のこともない木のかけらだが、よ〜く見ると、不思議な気持ちになる。意味のないことで、私だけかもしれないが、「この木は、どうしてこんな形をしているのだろうか？」と疑問が沸き、その奥にある長い年月と風景の変遷が思い浮かぶのである。毎日、都会で暮らし、人工的な直線や規則的な曲線を見ていると、このような不規則な自然が作った形が目新しく感じるのかもしれない。

この木片に出会ってから、川を歩くとき流木にときどき目をやるようになった。そして、いいものがあると持ち帰るようにしている。ところが、たくさん転がっているとはいえ、いい形の「たかが流木」

ものはめったにない。そのため、たまに気に入った形のものに出会うと、とてもうれしい気分になる。

流木は、そのまま飾ってもいいが、その味わいを生かして、いろんな活用がされている。芸術の素材として使ったり、家具などの実用品を作ったりだ。

「流木アート」という言葉があるくらいだ。流木を加工し、様々な造形にして芸術作品をつくろうとする試みである。オブジェとして、何か存在感があるような、考えさせるような、「何だろう」と思うような「形」を作ることもある。芸術の世界である。芸術までもいかなくても、少し味のある椅子や机、写真立て、花を入れる鉢などの実用品やイヤリング、ネックレスなどのアクセサリーも作られている。

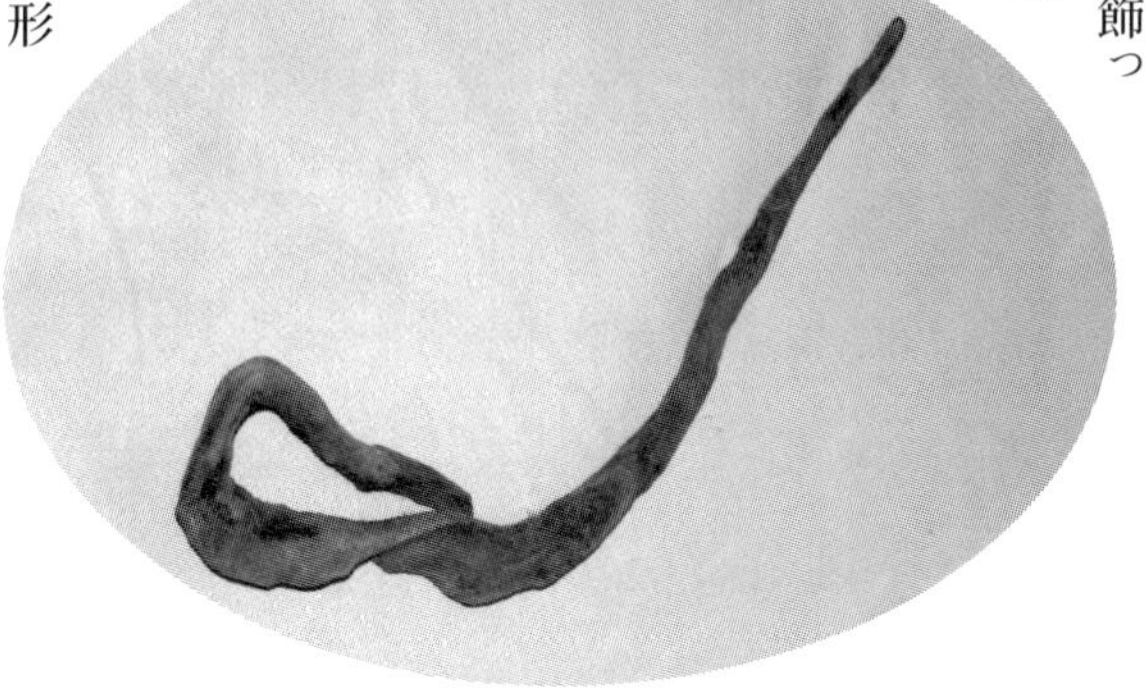
泉水谷で拾った流木

流木や流木を使ったインテリアなどを販売しているお店もある。調布付近にある店では、流木がたくさん並んでいるほか、流木で作ったテーブルや椅子など置いてあった。その椅子に座ってみたら、とても味があり、家に置きたいくらいだと思った。やる気がある方なら、自分で工作してもいいのではないか。もちろん、そこまでしなくても、気に入ったものを自分で見つけて、そのままの形で、部屋や花壇などに飾っておくだけでも雰囲気が出る。

丹波川の河原で見つけた石

ある日、丹波川の河原を歩いていたら、黄土色と茶色が複雑に混ざる幅10~15センチ位の大きさの石を見つけた。不規則な模様があり、表面がつるつるして、やや輝きがあるように見える。形も単純に丸や四角でなく、台形や三角形などと表現できない微妙な形をしている。それほど多くはないが、

多摩川で拾った石

探すと同じ石が何個か見つかった。このとき「これを庭に並べると、いい雰囲気になるのではないか」と思い、持ち帰ることとした。それを庭の木が植えられた辺りを囲む石として使った。正解だった。ホームセンターのガーデン用品売り場でレンガなどを買うよりも自然な雰囲気が出て、気に入っている。

調べて見ると、この石は、チャートというらしい。硬い石で、大昔は火を起こすのに使ったので、火打石ともいわれている。この石は、生物の死骸と粘土が堆積してできたもので、化石が出ることもあるという。いろんな色、模様、形があり、比べてみると飽きがこない。奥多摩でも珍しくなく、岩盤が露出しているところもあるらしい。

それからというもの、川で石も見るようになった。川には大量の石があるものの、流木と同じく、色合いや形のいい石はなかなか見つからない。私は、それほど熱心ではないが、石拾いや鉱物探しの趣味を持つ人もいるようだ。石にも、種類、形、色、模様、輝きなど、いろんな要素がある。石だけを探すために川を歩くことも、奥が深い趣味のようだ。

奥多摩では、以前、「菊花石」と呼ばれる菊のような模様がある石が見つかった。非常に珍しい石で、一時は話題になり、多くの人が探したらしい。また、国土交通省京浜河川事務所のホームページに、多摩川の石に見せられた方のことが紹介されていた。50年も多摩川で石を探しておられ、美しい山のような形の石や表面の模様が芸者がふりかえっているように見える石などが自慢だという。

他にもホームページでは「石の魅力」、「愛する石たち」「ストーンアートの達人」「ストーンペインティングに挑戦」などと見出しのついたサイトが見られる。気に入った石をそのまま楽しむ人もいれば、くっつけたり、ペイントをしたりして楽しむ人もいる。こちらも芸術作品にもなれば、アクセサリー、気の利いた飾り物にもなる。石も流木と同じように自然からの贈り物である。

人が流木や石を集める理由は？

さて、人は、なぜこんなことをするのだろうか？

物を集める習性、それを使ってあれこれと遊んだり、試してみたりする習性、そして何かを造ってみようとする習性。これらの物に対しての行動パターンが人間には、生まれつき組み込まれているようだ。動物の行動学の本で知ったが、動物には生まれながら、それぞれの種に応じた行動パターンが組み込まれている。人間には、このような創造的な習性があるから、知恵が発達し、今の文化が築き上げられた。だから、自然の素材を使った遊びは、人間にとって昔からの、自然な行為なのだろう。

考えてみれば今の人間社会では、人の作ったいろんな物に価値を見出し、経済的な評価が行われるが、その多くは、人間の気持ちだけで

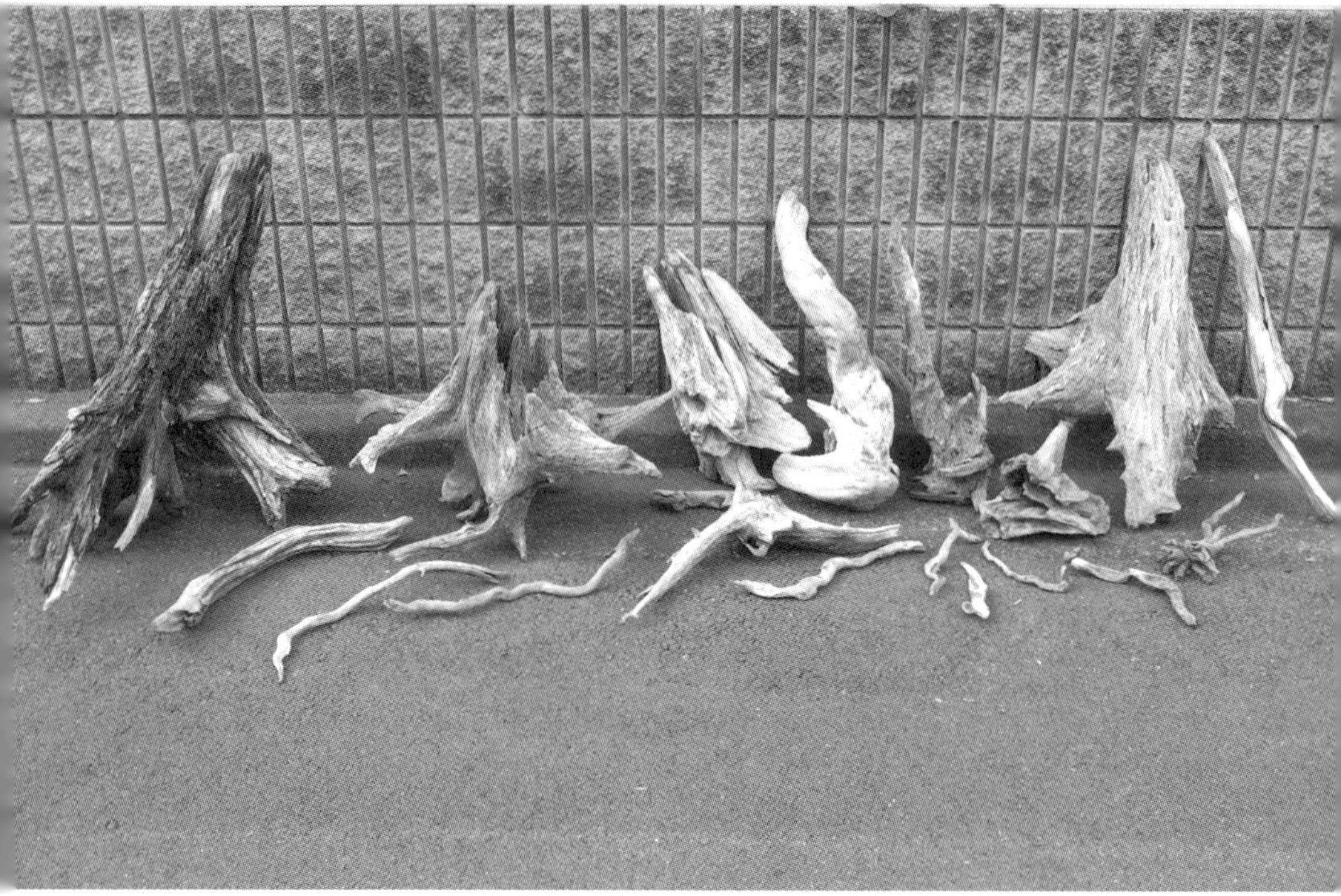

渓流で拾った流木達

しかない。映画や音楽、テレビゲーム、絵や小説だって、みんな人間が作って、値段がついている。それにお金を払って楽しんでいる。それならば、自然の作った樹木や石の造形に、勝手におもしろさを見出すことも同じだ。こちらは、ただで集められ、自然の香りがし、想像をめぐらせることができる。さらに、自分で持ち帰った木片や石は、それがあった場所の印象がラップしている。都会の無機質な家の中でも、小さな自然のかけらから、大自然への連想が広がっていく。

化石が出る

くじら運動公園へ魚捕りに行く

くじら運動公園付近がおもしろそうだと思って、息子と行ってみた。JR八高線の鉄橋の下流の川面は、牛群地形という特別な景観があるところなので、どんなところかと興味があった。牛の背中のような土の出っ張りがたくさん川の中に並ぶ光景らしい。また、この辺は、クジラの化石が出たところでもある。160万年前のクジラの全身の骨格が発見されたらしい。公園の名前もそれにちなんで、「くじら運動公園」となっている。

そうはいっても、我々の主目的は、魚捕り。まさか化石が出るとは、思ってもいない。公園に着くと、2人で網を持って河原へ向かう。河原の風景を見て、遊びにもってこいのところだと思った。八高線の鉄橋の下があまり高くない堰堤になっており、その下流の土がおもしろい。ぽっこり、ぽっこりと山脈のように盛り上がっている。それが牛群地形だ。その間を、浅く、さらさらと水が流れている。覗いてみると小魚がたくさん。2~3センチ、ときどき10センチ弱の魚も見える。

釣りをしている人も何人かいる。釣りをしそうにない若い女性も土の上から糸を垂らしている。近くで男性も釣りをしている。男女のペアで釣りとは、意外に珍しい。流れが速い本流の方にも、何人か釣り人がいる。こちらは男性だけ。「何が釣れるんですか?」と聞いて見ると、「ハヤが釣れる」とのこと。確かにこの辺りは、ハヤが多そうだ。堰堤の下に深い溜まりがあり、そこはたくさんの魚がいる。ハヤらしい姿も見えるほか、10センチくらいのまだら模様の魚が数匹見える。「何かな~」と双眼鏡で

くじら運動公園付近の河原

覗く。熱帯魚のプレコのように口が吸盤になっており、胸ヒレが大きい。カジカではないかと思うがよくわからない。この付近も結構魚種が多いのではと想像する。帰ってから本で調べたら、トウヨシノボリという魚らしい。ヨシノボリは、4〜5センチの小さい魚だと思っていたが、意外に大きいものもいるのだと思う。

堰堤の上では、いくつかのグループがバーベキューをしている。酒を飲んで気持ちがよくなったのか、寝ている人もいる。天気のいい日に、酔って屋外で寝るのも、気持ちいいだろう。近くには、網で魚をすくっている女の子。たくさんメダカのような小魚を取っていた。河原に大きなカメラの三脚を立てている大人もいる。何を撮ろうとしているのだろうと思ったら、八高線鉄橋の電車を撮ろうとしている。鉄橋は、周りが開けているので、鉄道写真にはもってこいのポイントだ。こんなふうに、ここでは、いろいろな人が、様々な遊びをして楽しんでいる。

我々も遊ぼうと、川に入り、網で魚を狙う。岸辺の草の辺りで、網で捕ろうとする。しかし、魚が隠れていそうな岸辺の草場が少なく、我々が捕れるようなうまい具合のポイントがあまりない。障害物のない水溜りに、たくさん魚が泳いでいるので、サッと網ですくおうとするが、逃げられてばかり。それではと思い、息子が私の網へジャブジャブと魚を追い込んで捕ろうとするがダメ。いっぱいいるのだから、少しは入ってくれてもいいのにと思うが、相手は賢く、我々は魚捕りの初心者だ。水の中では、とても太刀打ちできない。

化石採りの親子に出くわす

そんなふうに水溜りで格闘していると、岸のぽっこりした土を、ハンマーとドライバーでカーンカーンとたたいている親子が目に入った。普通の工具用のドライバーを土にあて、ハンマーでたたいている。何だか普通では見られない行動に、「ひょっとして」と思って、近づき、聞いてみた。

「化石を探しているのですか？」

「そうなんです」とおかあさんはいう。

「この辺で出るんですか？」

「息子が、小学校で出るって聞いてきたので」

「お、お、お」と思った。ここは、クジラの化石が出たところ。これは、本当かもしれない。そのお方は、専門家ではない。素人のおかあさんと子どもが、化石を見つけようとしていることに、さらに「え、え、え」と驚いた。東京の多摩川で、今も、化石が出るらしい。もし、そうだとすると、すごいことだ。

そんな姿を見て、我が息子も石を拾ってみたり、辺りの岩を見たりする。岩の表面に、手の指くらいの穴がある。

「これ、なーに」と聞く。

私は、まさか化石であるはずはないと思い、「何だろうね。雨か何かでできたのかなー」と答えた。

家へ帰って、インターネットで多摩川の化石について検索してみた。すると、たくさんのページがヒットした。どうも多摩川では、化石がよく出るようだ。八高線の鉄橋の下で発見されたクジラは、アキシマクジラと名づけられ、科学博物館に保存されているという。クジラが出たということは、この付近は、その頃海だったということだ。また、少し上流の拝島水道橋の付近では、1999年にアケボノゾウという象の足跡の化石が出たらしい。170万年前のものだ。ということは、その頃は、そこは陸。クジラが出たところは海なので、この辺りが海岸線だったのだ。海だった下流では、二枚貝や巻貝など貝の化石がよく見つかるらしい。植物の化石も出る。学校の学習や研究活動、イベントでの化石探しなどもよく開かれてい

化石を採る親子

る。小学生も、よく化石を見つけているという。

その中で、八高線鉄橋付近で採取したという生痕化石という写真がホームページに出ていた。これを見て、眼を疑った。これは、息子が「これ、な～に」と言っていた穴のようだ。

またもや、「え～」と驚いた。

生痕化石とは、生物が生活した痕の化石で、足跡や巣の跡などがあるらしい。この穴は、貝の住まいだったのか？ 他の本を調べてみると、それは、カニやアナジャコなどが掘った穴の跡とのことである。すなわち、この穴は、「化石」だった。大人の常識的発想は、あっけなく崩れた。

八高線鉄橋付近の生痕化石

生痕化石の発見で俄然、化石に興味が沸く

翌週、気になったので、また、同じところに行ってみた。台風の後で増水していそうだが、じっとしていられなかった。2日前に台風が通り過ぎ、川は、大増水しているが、最大増水時よりは水は引いたようで、ぽっこりした土の地層は、水で洗われて、表面がきれいになっている。

そして、気になっていた指の大きさの穴は、確かにある。どう見ても人工的に作られたものではなく、雨や水のせいでもなさそうだ。何かの動物が住んでいた穴のようだ。

そして、歩き回って見ると、はっきりとした形ではないが、土の表面に貝のような丸い形の模様が見える。骨のような長細い形の模様も見える。「これは何だろうと」不思議に思った。答えはわからないが、これも古代の何かの痕ではないだろうか。

　地学については興味も知識も全くなかった私だが、ますます「カ・セ・キ」について気になり出した。早速、今まで見たことのない鉱物の本を探した。インターネットで東京の鉱物についての本を見つけ購入した。多摩川流域のことが、出ている、出ている。そこには、小田急線の橋の下流、二ケ領宿河原堰の下の中州について、地図入りで紹介されていた。化石がよく出るという。また、上流では、五日市付近の化石産地について詳しく紹介されている。

化石の宝庫五日市で化石探し

　まずは、「五日市は、化石の宝庫」と、本に書かれているのを見て、妻と息子と行ってみた。最初に、情報を得るために、五日市郷土館に行くことにした。どこか知らない観光地に行ったとき、郷土館や自然センターに行くと、パネルやガイド、案内、地図などがあり、情報が得られる。

　この郷土館には、化石の展示が多く、入ってすぐパネルがあった。三ツ合鍾乳洞の近くで取れるなどとパネルに書かれている。また、五日市付近で取れた化石が何十個と並べられている。

　そして、館内にいた方に、わからないかもしれないし、とんでもない質問と思われるかもしれないし、と思って、遠慮気味に聞いてみた。

「わかれば、で、いいですが、この辺で化石が取れるところがありますか？」

「小和田橋の辺りで、とれますよ。子どもでも取れますよ。黒い石を割ればいいです」

「えっ」と思った。「そんなに簡単に……」

　そのとき、後ろから、他の人が、

「秋川橋の下に粘土層が出ていて、そこで取れますよ」

「ただ、珍しいものは、とれないですよ」

　どうも、本当らしい。意外にも、化石が出ることは、珍しくないようだ。

　秋川橋の下へ行く。ここは、河川公園となっておりバーベキューランドがある。その下流だ。ここは、以前、川で泳いだことがある河原だ。何でもない石が転がっている。「こんなところにあるのかな。カセキが」と思いながら、河原を見る。確かに黒い石がある。丸っぽい石が多く、割れ目があるものもある。その割れ目に、持ってきたドライバーをあて、ハンマーでたたくと簡単に石が割れる。ハンマーとドライバーは、来る前に、ホームセンターで買ってきたものだ。とはいえ、なかなか化石のような模様は出てこない。

葉っぱの化石

しかし、妻が、ざらざらした黒い表面の中に、ツルッとした部分がある石を見つけた。何かの化石のようだ。しばらくして、いくつかの石を割ってみたら貝らしき模様も出てきた。「これは、化石ではないか」と思った。そのほかにもいろいろ模様がある。葉っぱのような模様もある。

素人の私には判断できなく、気になったので、後日、化石に詳しいという人に見てもらうことにした。その先生の話は、ツルッとして輝いているところは、化石がずれてできたものらしいとのこと。そして、石の断面の模様を見て、2ミリくらいの幅で1センチくらいの黒い細長い筋が、メタセコイヤの葉だという。メタセコイヤは、スギの仲間で、日本では300〜100万年前まで生えていたが絶滅した植物と思われていた。しかし、中国で1941年に発見されて、化石の特徴と同じなので、「生きた化石」と呼ばれている。

そして、二枚貝もある。二枚貝は、アサリやシジミなどの殻が2つの貝の総称のようである。この石の模様は、殻が半分しか見えないが、長さ1・5センチくらいの扇上状の模様は、確かに貝の表面のようにゆるい曲線を描いている。

また、明らかに葉っぱもある。3分の1くらいしか見えないが、葉っぱ表面のスジである葉脈がはっきりと見える。実物のケヤキの葉っぱと見比べてみると葉脈の分かれ方が一致しているので、もしかしたらケヤキかもしれないと素人なりに推測する。また、少しデコボコした模様はシャコ貝だという。

次から次へと、化石が出てくる。これらは、中新世、すなわち、2000~1500万年前の地層から出るものらしい。短時間で、これだけの化石が見つかるとは信じられない思いだった。

五日市の付近は、日本で有名な化石産地とのこと。何と、3億年前~300万年前の化石が出るらしい。場所によって、メタセコイヤ、栗、ブナ、ケヤキなどがよく出る。二枚貝、クモヒトデも出る。さらには、象や鹿も。貝が出たり、象が出たりで、この辺は海になったり、陸になったりしたということだ。

小田急線橋下付近で貝の化石が

次に、小田急線付近に狙いを定めた。お目当ての場所は、1回、網で魚捕りができないかと、下見に来たところ。魚捕りをする前に、まさか、化石を探しに来るとは思ってもいなかった。ドライバーではなくタガネの方が割りやすいと本で知ったので、今回は、やはりホームセンターでタガネを買ってやってきた。

早速、息子と入っていく。本では、中州と書いてあったが、今では、岸とつながり、歩いて渡れるようになっている。入っていくと、八高線下と同じように、ゆるやかに波打った堅い土の層がむき出しになっているところがある。そして、河原にところどころ、土の固まりが転がっている。岩のようには硬くなく、土のようにぼろぼろでもない。泥や土が堆積し、圧力で押されて堅くなったものだが、石など堅いものでたたけば割れる。転がっている固まりは、誰かが波打つ地層をはがして持ってきて、割ったもののようだ。いかにも化石を探したようだった。

土の固まりが最も多くあり、地層もよく見える場所で、息子と戦闘開始。転がっている土の固まりや、地層をはがして、少しずつ割ってみる。すぐに見つかるというほどではないが、しばらくして、息子が、

「これ貝じゃなあい？」

と見せてくれる。確かに貝の形が、土に挟まって見える。そのあと、貝の模様の土。木の化石。何かわからない模様。いろいろ出てくる。アサリを少し平べったくしたような固まりもある。圧巻は、ハマグリのように大きな貝が土の固まりとしてそのままで出てきた。少し崩れてしまったが、これは確実に「カセキ」だ。こんなことが起こるのは、これまでの私の常識では、「キセキ」のような出来事だが、「ジジツ」だ。1時間半くらいで、貝の化石らしき模様や固まりを数個見つけた。

近くで、幼稚園くらいの子どもと大人が、この地層で、土を触っていた。場所からして、化石探しをしているのだろうと、「化石出ますか？」と聞いてみた。

すると、「えっ、泥遊びしているだけですよ」といわれる。

「幼児が泥遊びをしている土から、化石が出る」

何という意外さか。

多摩川で素人でも化石に出会えることがわかった。五日市、昭島、登戸など、多摩川の河原では、こ

二枚貝などの化石がある土の固まり

化石を採る子ども

のような化石の出る太古の地層が露出している箇所がある。この登戸のデコボコした土や八高線下のぽっこりと露出した土の牛群地形は、土が堆積されている地層を認識させる。

ここで、ふと、我々は、「地層」というものを意識するということが珍しいことに気がついた。

東京に住んでいると、いつもコンクリートの岩盤の上にいる。その確固とした地表は、ゆるぎのないものと感じている。しかし、だ。その岩盤は、このような土や岩の上のわずかな表面を覆っているものでしかない。コンクリートの下の地層には、太古からの地球の歴史が積み重ねられている。多くの太古の化石が眠っているハズだ。そして、いつかこの薄っぺらな岩盤は、崩れ去って過去のものになるだろう。

「いずれ我々も化石になるのか？」

何億年から何百年前の土の中に眠っていた化石が、都会の近くの多摩川にも出る。地球の地質や地形の動きなどの自然は、我々のレベルを超えているようだ。

そんなふうな、地球レベルの思考を巡らせる出来事だった。

くつろぐ

渓谷地帯の御岳・鳩ノ巣付近で楽しむ

多摩川を代表する観光地、御岳・鳩ノ巣渓谷

いろんな観光案内の本や雑誌を見ると、御岳渓谷、鳩ノ巣渓谷が多摩川を代表するスポットとして紹介されている。

確かにこの付近は、巨岩累々、荒々しい流れ、大淵の連続、切り立った両岸、周辺の緑など、渓谷らしい風景があり、目を楽しませてくれる。また、川以外にも、ケーブルカーで登れる御岳山や梅で有名な吉野梅郷もある。さらに、近くには、雰囲気のいい料理店や美術館、博物館などが多く、露天風呂のある温泉まである。東京からちょっとした観光に訪れるには、格好の場所だ。

ハイキングコースもいくつかある。御岳、鳩ノ巣とも川沿いに歩道があり、渓流を渡る細い吊橋などもあり、変化あるハイキングを楽しめる。また、少し上流の奥多摩駅の付近から奥多摩湖までは、奥多摩むかし道という旧青梅街道を歩くコースもある。御岳山にケーブルカーで登って、付近を散策するのもいい。さらに、御岳山からは、足を延ばして、日の出山や大岳山などに行くと、少し静かな山の雰囲気を楽しめる。

河原では、バーベキューをする人が多い。巨岩が多く、青緑の水が激しく流れるこの付近は、いかにも東京を抜け出し、自然の中に来たという雰囲気だ。河原でのんびりしているだけで気持ちいいが、そこで、気があった仲間と、肉や野菜を焼きながらビールでも飲み、ワイワイするのも楽しい。静かな自然を求めるならば、さらに上流域や支流、または逆に下流の河原の方に行ったほうが楽しめるかもしれないが、この辺は、風景もよ

御岳渓谷

く、設備も整っているので、遊びには便利なところである。

　私も、家から空いていれば1時間ちょっとで来られるところなので、いろんな遊びで楽しんでいる。仕事で忙しい日が続いて、やっととれたある休日、「山に行きたい」と思い、お昼前くらいに思い立って、御岳山に登ったことがある。登ったといってもケーブルカー。昼食の後に家を出て、山の上には、午後も3時を過ぎたくらいに着いた。少し周辺を歩き、緑と山の遠景を見、上から下界を眺めおろし、山の雰囲気を感じ、ずいぶん気分がリフレッシュした。仕事の疲れも吹っ飛んでしまった。

　また、ケーブルカーの駅の付近は夕方になっても照明があり、戻れるので、夕陽に照らされる風景や、最後は星空を見て、ロマンティックな景色の移り変わりの中に身を置いた。普段、すっきりした青空や満天の星空が見られない東京のビル街と住宅地を往復していると、こんな当たり前の「自然の中に夕陽が落ちるという風景」も新鮮に感じる。

　他にも、御岳山では、春にはカタクリ、夏にはレンゲショウマといった可憐な野草が咲き、少し歩くと「東京の奥入瀬」と呼ばれている小渓流沿いの散策路であるロックガーデン（岩石園）もあり、変化のある自然が楽しめる。

　この辺りは、釣りでも有名なところで、渓流釣りでも何度か来た。いかにも大物が釣れそうな深く、大きな淵が続いている。特に御岳付近は、白丸ダムからの放水口があり、そこから吐き出される勢いのある水が荒々しい渓流の姿を作っている。休みの日には、釣り人が、いつも何人かいる。私も、何度かこの辺で釣ったことがある。大分前であるが、初夏のある日、広い川の真ん中辺りを釣っていて、ものすごい大物をかけた。引きがものすごく強く、ガンガン竿をのしていくが、それを耐えに耐え、逃げられないようにした。少し弱らせ水面にチラッと姿を見せた魚体は、何と40センチはあった。しかし、足場が悪く取り込むことができず、力を残すその魚体は、もう少しのところで糸を切って、去っていった。本や雑誌でもよく紹介される釣り場だが、大物も多いようだ。

　自然での遊びの合間に、料理店

での食事も楽しい。私は、あまり特別な食事をすることについて関心はないが、奥多摩の料理店の印象として、素朴な良さがあると思う。有名な観光地で見られるような豪華な店は少ないが、雰囲気が良さそうなところは多い。

鳩ノ巣渓谷付近を散策しようと妻と息子を誘ったとき、まずは、「どこかで食事を」ということで、本でお店を探した。渓谷の真上に「ぽっぽ」というかわいい名前のかわいいお店があるとのことで、そこに行ってみる。案内された部屋は、渓谷の絶景を目の前に見下ろす部屋。鳩ノ巣渓谷の代表的な渓流の姿を、食事しながら味わえる。それも、隣の人と肩が触れるのではないかという都会の食堂と違い、ゆったりとした部屋で気持ちがよかった。真夏なのに自然のクーラーですがすがしく、食後のコーヒーも天然水でいれたものでおいしく、いいことばかり。妻とともに、「すばらしい、すばらしい」と感激した。

鳩ノ巣渓谷とカフェギャラリーぽっぽ

景色が絶品の白丸ダムや渓流をのんびりと散策

食後は、鳩ノ巣渓谷沿いに白丸ダムまでハイキング。巨岩と深淵がおりなす風景は、絶品だ。変化ある川を見ながら歩くのは楽しい。白丸ダムの前には、階段のようなものが、下の川面からダム上の湖

白丸ダムの魚道

面辺りまで登っていく。何だと思ったら、魚道だ。「よく作った」と思うほど大規模なもの。落差が27メートルあり、くの字の形で、一部トンネルもある。水が流れる階段状の通路だ。落差27メートルの魚道というのは、日本でも珍しいらしい。魚のために、わざわざ予算を確保し造ったもので、なかなかの配慮だと思う。

ダムに着いて、湖面を見ていると、カルガモが子どもを従えてゆうゆうと泳ぐ姿が見える。親鳥の後を、数匹の子鳥が並んでついていくこともあれば、水の上を走るようにして動き回ることもある。どちらの姿も、とてもかわいい。双眼鏡で、親子が代わる代わる見て、みんな喜ぶ。自然の中、いろんな風景と家族でさりげなくふれあうのが楽しい。

料理店では、また違ったのんびりとした雰囲気を体験したことがある。以前から気になっていた道路沿いに「丹三郎」という大きなちょうちんのあるそば屋があるので、そこでお昼を食べ、渓流を散策しようと出かけた。出発が遅れ、12時くらいに家を出た。しかも、道路はときどき渋滞気味。どんどん時間がたつので、どこか途中で食べようかとも思ったが、せっかくの気持ちで出かけたので、そのまま、車を走らせた。結局、着いたのは2時頃。それでも駐車場は一杯。入り口で10人くらい待っている。混んでいるということは、やはりおいしいのではないかと、かえって期待感が高まる。

案内された部屋は、8畳くらいの部屋に机が2つ。ゆったりとしている。昔の民家を改造している。様々な木々が植えられている広い庭をバックに、豚の形をした蚊取り線香の陶器が畳みの上にポツンと置かれている。その光景が、何とも風情がある。都会での暮らしで忘れられている、ゆったりとした空間と時間の流れを感じる。出されたせいろそばも当然おいしく、妻と一緒に大感激。

鳩ノ巣渓谷

のんびりした時間を過ごせたのはよかったが、渓流散策の時間がなくなった。そこで、近くの巨樹と美術館の見学に変更。この付近には巨樹もいくつかある。この日は、丹生神社のスギ、古里附のイヌグスを見た。丹生神社のスギは、高さが40メートル、幹の周りの長さが4・5メートルある巨樹であるが、特に、すごいと思ったのは、斜面に生えたスギが地面をとらえようとする太くクネクネした根のたくましさだ。古里附のイヌグスは、道路と鉄道の線路の間に挟まれた狭いところに、かろうじて生きているという可哀想にも思える状況だ。多くの人が樹のすぐ前を車で通り過ぎているが、その存在する意識している人は少ないだろう。しかし、近くで見ると、すごい存在感だ。幹の周りの長さが6・5メートルもあるという幹の太さもすごいが、ところど

古里附のイヌグス

ころ苔を覆われればっこりぼっこりした樹肌に圧倒される。このような何百年の歳を経た古樹を見ていると何か感じるところがある。このイヌグスは、東京都の天然記念物でもある。なお、巨樹といえば、御岳山にも樹齢千年を超える幹周り8・5メートルの神代欅がある。こちらもすごい迫力で、国の天然記念物になっている。

カヌー、ラフティング、ボルダリングにケービングなど最近のスポーツが楽しめる

他にもこの辺は、楽しみたいことがたくさんある。例えばカヌー。御岳渓谷は、カヌーでも有名だ。休日には、色とりどりのカヌーが、急流を下っていく光景がを見られる。とても爽快だろう。川との一体感もありそうだ。競技カヌーのメッカらしく、選手権も行われるらしい。ゴムボート下りのラフティングも行われている。

御岳渓谷付近の河原では、岩登りも行われている。背丈以上もある巨岩を、下に落ちてもいいようにマットを敷いて、軽装備で登ることを楽しんでいる。渓谷を歩いていると、結構見かける。これは、最近のスポーツで、ボルダリングというらしい。これならば、山の本格的なロッククライミングよりもとっつきやすいだろう。

御岳渓谷のカヌー

意外な遊びは、洞窟探検。ケービングともいうらしい。この付近から少し離れるが、支流の日原川や秋川などの近くにはいくつかの鍾乳洞がある。一般に観光で入れるところだけでも、日原や養沢、大岳、三ツ合など数個所の鍾乳洞があり、気軽に入れるにも関わらず、異空間の雰囲気が楽しめる。一般に開放されていない洞窟も、多摩川周辺に何箇所もあるようで、この神秘的な空間の洞窟探検を趣味とする人もいるらしい。

この付近は、都会近くの本格的な渓谷地帯。しかも、このように、手軽にいろいろなことが楽しめる地域だ。身近な自然の舞台で、仕事の疲れをリフレッシュしたり、好奇心をそそられることにチャレンジしたりしてみてはどうか。

御岳付近

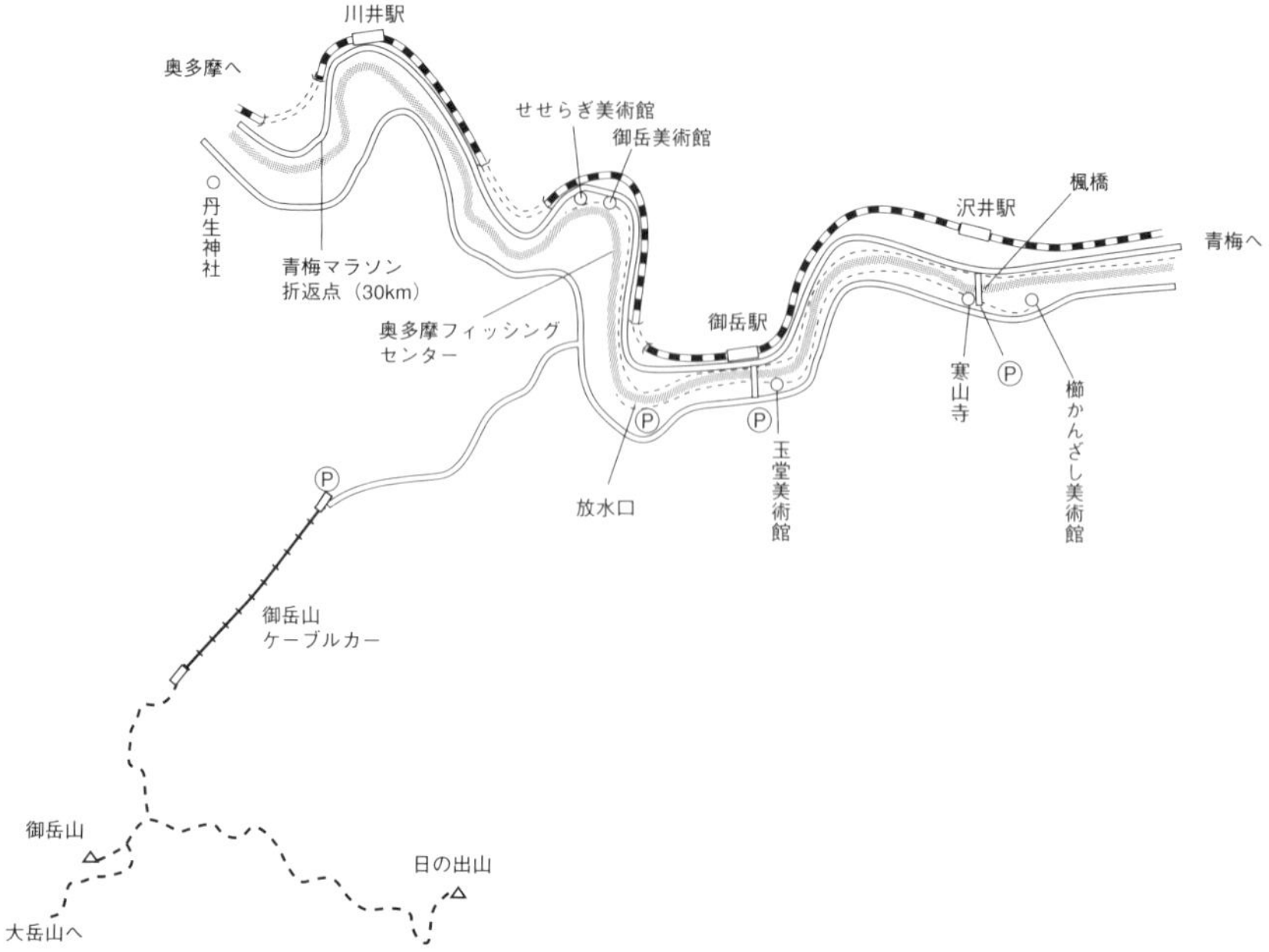
川井駅
奥多摩へ
せせらぎ美術館
御岳美術館
丹生神社
楓橋
沢井駅
青梅へ
青梅マラソン
折返点（30km）
奥多摩フィッシング
センター
御岳駅
寒山寺
櫛かんざし美術館
玉堂美術館
放水口
御岳山
ケーブルカー
御岳山
日の出山
大岳山へ

鳩ノ巣付近

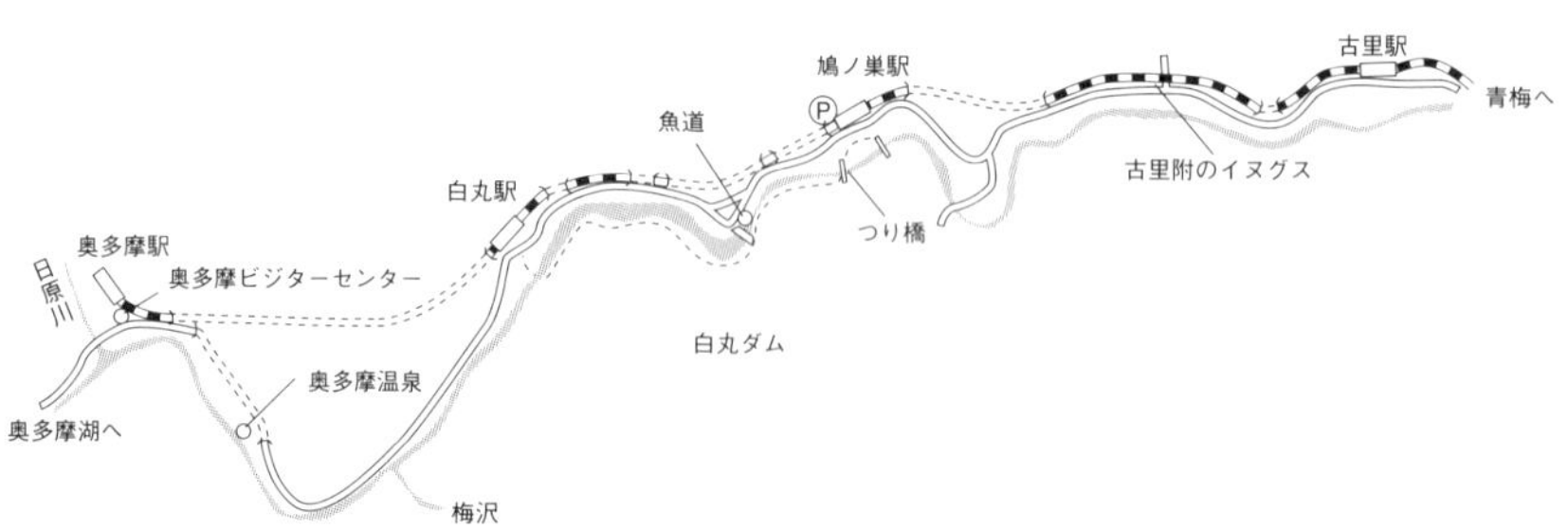
古里駅
鳩ノ巣駅
青梅へ
魚道
古里附のイヌグス
白丸駅
つり橋
奥多摩駅
日原川
奥多摩ビジターセンター
白丸ダム
奥多摩温泉
奥多摩湖へ
梅沢

河原で楽しむ様々な遊び

中下流域は、都会の遊び場

天気のいい日曜日の多摩川は、趣味のオンパレードだ。土手のサイクリングコースを走ると、いろんな遊びをしている人とすれ違う。ランニングしている私も趣味をしているのだが、同じコースには、散歩やサイクリングをしている人が行き交う。スケボー、ラジコンの自動車、犬たちもときどき走っている。ちょっと横には、バーベキューをしているグループ。河原では、運動場で野球、テニス、サッカー、ラグビーなどのスポーツ。そして、首から双眼鏡をぶら下げてバードウォッチングをする人、カメラで花の写真を撮っている人、橋の付近で鉄道写真を撮っている人、ラジコンの飛行機やヘリコプター、凧上げ、ゴルフの練習、絵を書く人、ラジオで競馬を聞きながら横になっている人。水辺では、釣りをする人、水の中に入って網で魚を捕っている人、砂利や砂で遊んでいる子ども。場所によっては、ボートに乗る人などなど。変わったところでは、音楽バンドや演劇の練習、映画の撮影、水着モデルの撮影会、カヌー、ウィンドサーフィン、下流では水上スキーなどもある。それぞれの人なりに、様々な楽しむ姿が見られる。

多摩川には、年間2000万人くらいが訪れるという。（国土交通省の平成9年のデータ）東京都の人口が大体1200万人くらいなので、これは結構な数だ。内訳では、スポーツが26・9％、釣りが7・2％、水遊びが5・0％、散策等が60・9％だという。また、利用場所の内訳は、水面が1・4％、水際が10・8％、高水敷が60・4％、堤防が27・5％とのことである。この数字から、河川敷

バーベキューを楽しむ人達

で散策等をする人が多いことがわかる。散策等には、スポーツ、釣り、水遊び以外の休養、ピクニックなどが入っているのだろうから多いのはわかるが、それにしても多い。多摩川に来る半分以上の人は、「散策等」とされる様々な目的で訪れている。趣味の多様化を表しているのではないか。

スポーツについては、河川敷に50箇所くらいある運動場で行われるものがほとんどだろう。一箇所の運動場にいくつものグランドがあるところもあり、多摩川は、首都圏の大運動場でもある。昭和47年には、釣りが20％近くあったそうだが、平成9年には7・2％で、釣りの割合が大きく減っている。最近見た新聞記事では、釣り人口は、昭和63年の延べ67万人から、平成15年に21万人に減っているそうだ。意外な現実だが、これも趣味の多様化の表れではないか。

私は、小学校の頃から多摩川の中流域とは何かとつき合ってきている。釣りやサイクリング、バードウォッチングなどが多かったが、また、子どもを連れてきて、公園遊びや凧揚げもした。多摩川の河原の公園は、広いところが多く、その割に人が少なく、思いっきり子どもが遊べる。施設のある公園

写真を撮る人

もあり、例えば、府中市の多摩川親水公園には、多摩川を上流から河口まで、岩や橋で模した施設があり、上流側からさらさらと水を流している。２００メートルくらいの大規模なもので、多摩川全体を把握でき、水遊びにも好都合だ。我が家で来たときも、子ども達は勝手におもしろがって遊んでいた。

今の私自身は、自然のままの河原を、バードウォッチングを兼ねて散策するのが好きだ。よく行ったのは、バードウォッチングで有名な大栗川合流点付近の河原。野鳥観察をする人は、大体、野鳥観察小屋の付近に多いが、その奥のアシ原の中に入っていくとどこか遠くの原野に冒険に来たようでおもしろい。初夏ならば、オオヨシキリやセッカなどの鳴き声で賑やかなところだ。また、小さい子どもがいるなら、野鳥観察小屋の手前にある多摩市の交通公園で、自転車などの遊具を借りて子どもを遊ばせることができる。この近くでは、カワセミも見られるので、子どもを遊ばせながら野鳥観察もできる。

のんびりと過ごせる穴場スポット

私がなかなか良さそうと思った

網で魚を捕る女の子とウインドサーフィンする人

場所は、秋川合流点。この辺も野鳥が多いところだと聞き、秋川合流点の南西寄りの箇所を散策したことがある。どこから入っていいかわかりにくいところだが、滝が原運動場の辺りから河原に降りて草の中に入っていくと、「多摩川自然観察路」と書いてある案内の柱が立っている。「おっ、ここは自然観察路。きっと、自然が豊富なんだろう」と期待が膨らむ。その案内柱は、もうすぐにでも朽ちてしまいそうな古いもの。整備されてないようだ。それほど手つかずの状態だ。私には、むしろそのほうが、何かありそうに感じる。歩いていくと、自然の草木が生える中、小さな池が点在している。「ホーホケキョ」とウグイスのさえずりも聞こえ、原野の雰囲気。ウグイスは、日本三鳴鳥であるが、冬や春には、多摩川の中流にも意外にいるようだ。川の水辺に出ると、合流点付近の河原は、広くて気持ちがいい。訪れたのが4月だったので、まだ、草花や昆虫は見られなかったが、これだけ勝手に草木が生えているところだから、シーズン中は賑やかだろう。このような河川敷の自然散策にいいところは沢山ある。多摩大橋の下流の荒々しい岩盤の河原もおもしろい。拝島自然公園やあきしま水辺の楽校辺りにも、マムシが出そうな自然が残されている。

楽しそうだと思うのは、ウィンドサーフィンやカヌー。二ヶ領上河原堰の上でウィンドサーフィンやカヌーをしている人をよく見かける。堰堤でせきとめられた水が溜まっており、流れがあまりなく、ボート乗りにいいところだ。また、自然の草で囲まれた中州もあり、雰囲気もいい。岸辺にいる我々を尻目に、ゆうゆうと漕いでいくカヌーを見ていると、「気持ち良さそうだな〜」と思う。ここには、普通の手漕ぎボートの乗り場もあるので、それを借りても乗ることも

多摩川親水公園

あきしま水辺の楽校辺りの河原はマムシに注意？

できる。

このような様々な趣味が行われているが、散歩や単に河原でのんびりしている人も多い。散歩といってもいろいろ。のんびりと歩く人、犬と散歩している人、手にウェイトを持って急ぎ足で運動としている人、後ろ向きに歩いている人、車椅子の方。信号がなく、交差点もない真っ直ぐ歩ける道で、景色もいいので、気持ちがいいだろう。運動をするにしても、最近増えているスポーツクラブのような室内で汗をかくより、風の中、変化ある風景を見ながら身体を動かすほうが気持ちいいはずだ。

河原の土手やベンチ、原っぱに座り、のんびりするのもいい。ここは、都心の公園より、おおむね緑も多く、水の流れもあり、広々としている。川の流れと河川敷の草木、遠くには山の連なりと、自然の風景が楽しめる。そんなところで時間を過ごすだけで、リフレッシュされるのではないか。

大勢の人が訪れる多摩川。この水の流れが作った自然環境が、これからも、多くの都会人に癒しを与えてくれるだろう。

河原の原っぱで遊ぶ人たち

■河川敷公園の遊び場

多摩川には、都会の川らしく、中流から下流にかけて、河川敷に公園が多い。自然を生かした公園、芝生を敷き詰めた公園、野球場、サッカー場、テニスコートなど運動場主体の公園、子どもが遊べる設備がある公園など様々だ。どれも、緑が多く、広々としているので、気持ちがいい。

ＪＲ五日市線の橋付近にある多摩川中央公園は、のびのび広場、じゃぶじゃぶ広場、かくれんぼ広場、わんぱく広場、休憩広場、ツツジ園、スイセン園などのいくつかの広場に分かれており、いろいろな遊びができる。

睦橋下流、秋川が合流する付近の福生南公園は、芝生の原っぱやアスレチック、バーベキュー広場などがあり広々としている。拝島自然公園は、拝島橋付近の河川敷の自然を生かした公園。芝生が広く敷き詰められた場所やバーベキュー設備もある。ＪＲ中央線鉄橋の東側にある多摩川緑地は、ゆったりとした芝生に子ども向けの遊具もあり、幼児を遊ばせるのにもいい。府中市にある多摩川親水公園は、多摩川の上流から東京湾までの流れを模した２００メートルくらい水の流れがある。

東急田園都市線二子玉川駅前の兵庫島公園は、野川が流れ込んでおり、かつて島だった小さな丘や水遊びができる池、広い芝生がある変化がある公園だ。その上流には広い二子多摩川緑地運動公園があり、野球やサッカーなどの球技場がたくさん並んでいる。新多摩川橋の下流にある下野毛多摩川緑地は、せせらぎと親子広場とも呼ばれ、幅3メートル、長さ３００メートルの人工河川や大きな柳がある。このほかにも、多摩川には、スポーツ施設があるなどの数多くの公園がある。

ガサガサする

水の中をガサガサする

ジャブジャブしながら魚を捕る遊びは、大人も楽しい

二ヶ領宿河原堰にある二ヶ領せせらぎ館を訪ねたとき、『ガサガサ探検隊』（中本賢著・つり人社）という本が置いてあった。この本は、写真主体で、「ガサガサ」を紹介しており、それを見てすぐに「これはおもしろそうだ」と直感した。「ガサガサ」とは、川の中に入って、網で魚を捕ることだが、特に、魚が隠れている岸辺の草の部分を足でガサガサすることによって、魚を網に入れることが特長で、このように呼んでいるらしい。水の流れに草が水中にも張り出しているところがポイントで、その下流にタモ網を置き、草の上を足でガサガサ押すと、下流のタモ網に魚が入るという具合だ。魚を追い込むわけで、これまで、網だけでは魚は捕れないと思っていたが、この方法はいけそうだと思った。この本を、家に帰ってすぐにインターネットで購入した。

ガサガサを程久保川で初体験

9月のある日、浅川と程久保川の合流点付近に、息子と行った。百草園付近で、浅川が多摩川に合流する付近で程久保川も合流する。ここには、人工的に作られたワンドがあり魚種が豊富とのことだ。両側をコンクリートの高い護岸に囲まれている直線的な流れの程久保川だが、市民のアイデアにより、そこから湾曲した自然の流れを作った。どのように作ったかというと、2メートルくらいある直線状の護岸の壁に1メートルくらいの大きな穴を2つあけ、水が直線部から抜け出し、自然の草地の中をゆるやかに流れるようにしたのである。ワンドとは、静水域の呼び

程久保川のワンドを作った護岸の穴

名で、このように川の本流から分かれ、緩やかな流れや沼のように水が溜まった場所をいう。止水を好む魚や稚魚の生息場として適当であり、両岸が草木など自然に近い環境であれば、魚の隠れ家となる場所だ。そのため、ワンドには、魚種も数も多いという。

多摩川では、この程久保川のほか、下流の二ヶ領上河原堰下流などでも人工的にワンドが作られた。これは国や市により、自然回復のモデルとして進められた。その結果として、変化のある河川敷ができ、以前に比べ、多様な生物が住む環境になったようだ。そして、子どものいい遊び場になっているほか、自然学校などでも使われている。ホッとするような活動だ。

程久保川のワンドは、流れを三日月のように湾曲させてまた元の流れに戻している。この三日月型の流れは、幅2メートルくらいで、小川のようにさらさら流れており、大体がひざより下の浅さ。入っての水遊びにちょうどいい。そこに息子と2人で足を入れた。私が大きな半円状の幅80センチくらいの

程久保川のワンドの流れ

大きな網で、息子は柄のついたタモ網で、「魚を捕るぞ～」と入った。まずは、入ってすぐの草の部分を足でガサガサした。

すると、大きな網の中に、動くものがいる。小さなエビだ。ヌマエビらしい。何と最初から獲物が捕れた。息子と一緒に「ヤッター」と喜ぶ。期待感が高まる。流れに沿って、川の中を下っていく。両岸が草で覆われており、ここだけにいると、どこかの遠くの山奥や原野に来たとも思える。その後、草の多いところをガサガサとすると、ザリガニが捕れる。小エビ、ザリガニが、ぽつぽつと現れる。息子も、網で2センチくらいの小魚を獲り、喜んでいる。

下っていくと、もう一組親子がいた。父親が、一生懸命、網で魚を狙っている。

「何か捕れましたか」と聞くと、

「え〜、ヨシノボリが…」と見せてくれる。

なかなか可愛い。

「飼っているナマズが死んじゃったんで、探しているんです。前は、このくらいのが（といって15センチくらい指を広げる）捕れたんですよ。」

「この辺で魚はよく捕れますか？」

「そこで捕れますよ」と言って、ちょっと深いところを、ガサガサしたり、障害物でできた穴の手前に網を置き、奥の方に石を投げて追い出したりして、捕まえようとしてくれた。

「この人は、デキル」と思った。

道具も、本にガサガサにいいと書いてあった三角の形の網や、薄く

魚捕りをする親子

四角い形の魚観察用の容器をもち、魚を捕るときの動作も慣れている。石で追い出して捕まえるなんてよく知っていると思った。

我々は、エビやザリガニは捕まえられたが、魚は種類のわからない小魚1匹なので、ちょっと寂しい。

「狙った魚を捕るのは簡単ではない。これは結構奥が深いのかもしれない」と思った。

よく見ていると、そのお父さんは、水の中を見て捕まえているようだ。しばらくして上流の方へ行って「ドジョウを捕まえた」と言っている。私の足元の水の中を見ると、ハゼの一種かヨシノボリらしき魚が川の中の岩にちょこんとのっている。彼は、これを網で「バッと」捕らえるのだろうか？

ガサガサして捕れた魚

ガサガサをする子ども

水の中では、すばしっこく、人間さまの手では、結構難しい。が、テクニックを磨けば、捕まえられるのか?

それでも、我々も、結果的に、ヌマエビとザリガニ、メダカのような小魚、全部で6匹を捕り、大人も子どもも満足した。

もっと捕りたいと二ヶ領上河原へ行く

同じ9月の下旬、二ヶ領上河原堰堤の下に行く。浅そうなところから、水に入る。底石が少しヌメヌメしており、きれいとはいえないが、それほど気にはならない。昔に比べ水質がよくなっているためだろう。入ったところで、何箇所かガサガサをしてみるが、捕れない。目の前の流れの向こうが中州になっており、自然に草が生えたボサボサがたくさんある。そこが捕れそうに感じ、川を渡ることにする。堰堤下の浅そうな場所を、注意しながら渡る。

中洲に着いたところで、早速再開。少し深めの草のあるポイントをガサガサする。今度もだめだろうと、網を上げてみると、銀色に輝くものが、網の奥でブルブルと跳ねていた。10センチくらいのフナだ。「わ～、入った、入った」と頭の中が真っ白になるようにうれしかった。きれいなフナだった。何でも初めてのことがうまくできると、子どものように純粋に気持ちがいい。趣味は、このような何かを達成したときの喜びが原動力だ。

その後、中洲の堰堤側の草場を一つひとつガサガサしていく。膝よりちょっと深いくらいのところを足でガサガサすると、また、フナが捕れる。わずかの30分くらいの間に4匹だ。釣りよりも、捕れるのではないか。息子には、細長い小さな魚がくる。息子も大喜び。何だかわからなかったが、帰って調べたら、モツゴだった。3センチくらいの透き通ったヌマエビも取れる。ザリガニも顔を出す。

「こんな楽しい魚捕りがあったのか」。

捕った獲物のうち、魚3匹を家で飼うことにして、他のはもちろん川へ逃がした。ちょうど、以前飼っていた金魚が死んで、水槽が空いていたので、そこに入れる。そして、家の中でこのフナやモツゴを見て、多摩川の自然と魚のことを思い浮かべる。

「あれだけのことで、これだけの魚が捕れた。多摩川にも計り知れない魚がいるのではないか」と。

ところで、ガサガサを知った「二ヶ領せせらぎ館」は、市民と行政のパートナーシップで進められている「多摩川エコミュージアムプラン」の運営・情報発信拠点だという。「多摩川エコミュージアムプラン」は、多摩川と密接な関係を持つ、「水と緑と歴史」と「人」のネットワークを形成し、よりよい環境を創りあげていこうという活動とのこと。多摩川周辺には、他にも、環境保全のための団体活動がいくつも行われているようである。環境の意識が高まった証拠であり、都会の河川らしい。環境を壊したのは人間だが、意識があれば、環境を取り戻せるのも人間だ。行政や市民活動も、ワンドを作るなど、多様な自然環境を復活しようと試みている。自然破壊ばかりが話題になる世の中だが、このような自然を取り戻す活動があることは、ホッとする。

多摩川で行われたような自然環境を復活するためのいろんな活動や仕組みによって、もっともっと日本全体、いや世界全体の環境が改善されるといい。うれしいことに、多摩川では、その成果が感じられる。

人の思いと技術の力を環境改善に向ければ、自然環境を取り戻すことができるということだ。

二ヶ領せせらぎ館

■浅川と野川周辺の見どころ

多摩川本流の中流域には、秋川以外にもいくつかの支流が流れ込んでいる。大きな川はなく、また、街中を流れている流域も多い。そんな中で、浅川は、高尾山、影信山、陣馬山付近から流れ出し、短い川ながら、上流は山間の小渓流の様相である。これらの山々は、東京近郊で気軽に登れる代表的なところで、家族連れのハイキングにもちょうどいい。

特に、高尾山は、ケーブルカーもあり、子どもからお年寄りまで、街の延長のようにたくさんの人が訪れる。意外なことに、高尾山の周辺は、気象的に北方と南方の環境が交差する地域にあるので、植物や野鳥、昆虫などの種類がとても多いのである。登山ルートもいくつかあり、変化ある自然が楽しめる。

浅川は、北浅川と南浅川に分かれているが、陣馬山付近から流れる北浅川は、4月から10月まで毎月、マスやヤマメが放流され渓流釣りができる。この川沿いには、「夕やけ小やけふれあいの里」という場所がある。童謡「夕焼け小焼け」を作詞した、中村雨紅が生まれた場所であり、付近にその歌碑がある。

南浅川の水が流れ出ている多摩森林科学園は、一般公開している研究施設である。展示室や広い試験林を見学できるほか、森林講座や親子森林教室も行われている。園内のサクラの保存林は、全国各地から集められた約1700本の様々な種類のサクラが植えられている。多種多様なサクラが、丘の上下に咲く光景はとても見事である。

また、比較的下流で合流する野川は、国分寺の日立中央研究所内に水源があり、小金井市、三鷹市付近をハケと呼ばれる崖の下を流れ、二子玉川駅付近で本流と合流する。ほとんど市街地を流れるが、このハケの辺りは雑木林など武蔵野らしい意外な自然が残っている。特に野川公園には、自然観察センターがあり、その中の観察路に入ると、池や木道があり、小さい湿原のような雰囲気である。季節に応じた野草がたくさん咲き、ホタルも生息する。

観る

河原でバードウォッチングする

多摩川は野鳥も大好きな場所

　多摩川河川敷は、野鳥の宝庫だ。日本で確認された野鳥は、稀なものを含めて５００種程度あり、通常見られる野鳥が３００種程度とのことである。そのうち多摩川とその流域では、確認されたことのある野鳥は２６０種、通常観察できるのは１６０～２００種ほどらしい。日本全体の半分が見られるようだ。

　野鳥は、生きるため、子どもを残すため、エサや隠れ家がある環境にいつく。多摩川は、エサの虫や木の実、すみかとなる草木などが豊富だ。人間には「ただの原っぱ」が、実は野鳥や虫には好まれる。また、川の水の中や周辺にも、鳥のエサになるものが多い。魚を狙う鳥、水の中の藻を食べる鳥、水辺に暮らす虫を食べる鳥、空飛ぶ虫を食べる鳥、もちろん草木の実や芽を食べる鳥もいる。水は、命の源。水のあるところには、様々な虫や動植物が暮らし、またそれを求めて違った動物が集まってくる。その１つが野鳥だ。

　いろんな野鳥がいる。多摩川の水辺で、目立つのは、コサギ。ツルのような姿の鳥で、ツルよりは小さく、真っ白の鳥である。浅い水の中で、身動きせず、ジーッと立っていることが多い。何をしているのかというと、水の中の魚などを狙っている。動かないことで、魚に動物の気配を与えず、近づいて来た魚を一瞬のうちに細いくちばしで、啄《ついば》むのである。この鳥がいると、そこには魚がいるのだとわかる。

　水の中の魚を食べる鳥は、他にもいる。人気があるのがカワセミだ。川の宝石とも呼ばれている。背中が光沢のある緑がかった青でとてもあざやかな色だ。これは、コバルトブルーまたは翡翠《ひすい》色というらしく、カワセミを漢字で書くと「翡翠」だ。胸の辺りが、橙色で、こちらもきれいな色だ。体形は、ずんぐりしていてスマートとはいえず、写真で見ていたときは、「どうしてこの鳥が人気あるのだろうか」と思っていた。しかし、実物を見て納得した。本当にほれぼれする美しさだ。

　水面近くの枝や構造物の上にとまっていることが多いが、この鳥の見事なのは、魚を捕まえるときだ。羽を高速に動かすホバリングで、空中に静止して水中を見て魚を狙い、このタイミングというときに、一気に水につっこみ、魚を捕まえる。すばらしい芸当だ。このカワセミは、東京付近では、一時はずいぶん減り、幻に近い鳥だといわれていた。しかし、最近は東京付近でも増えているらしい。環境が改善されたためであるなら喜ばしいが。

　私が多摩川で最初に出会ったのは、野鳥観察の有名なスポットである聖蹟桜ヶ丘近くの大栗川合流点付近。南側が、崖になっており、人が容易に近づけず、草木が全く

カワセミ

コサギ

探鳥会の風景

の手つかず状態で生えている。その崖が、カワセミのような土に穴を掘って巣を作る鳥にも好都合なのだろう。また、あきしま水辺の楽校の付近や下流の丸子橋の近くの調布取水堤付近でも出会ったことがある。

大栗川合流点付近には、もっと珍しい鳥が住んでいたことがある。ヤマセミだ。

人が少ない上流域に住むことのほうが多いが、なぜか、都会近くの多摩川中流にいた。ハトより少し大きく、背中が黒と白のまだら模様で胸が白っぽく、頭の羽が冠のように上に立っている姿は、遠くから見てもすぐにわかる。このヤマセミがいついていた頃は、休日になると、この大栗川の岸に、カメラの放列が見られた。それも、遠くの鳥を撮るため、50センチや60センチくらいある超望遠レンズをつけたカメラであり、野球場のカメラ席のようだった。私は、このようなカメラで野鳥を撮ることは、狩猟と同じような行動だと思っている。カメラが銃の代わり。それで狙いをつけて、野鳥を捕らえる。いい写真が撮れると「ヤッター」と満足感に浸る。相手を殺さずに、狩りと同じような満足感を与えてくれる。

河川敷には、賑やかな鳥がいる。初夏にオオヨシキリという鳥が、アシ原で「ギョギョシ、ギョギョシ」という声高らかに鳴いている。その鳴き声が、河原中に響いている。縄張りを主張しているのである。アシに隠れなかなか姿は見られないが、やっと見つけたときは、その一生懸命鳴いている姿に感激した。

また、冬には、山の上やシベリアなど北の国から、暖かい東京近辺にも野鳥がやってくる。意外にも、東京周辺では、冬が野鳥観察の好シーズンなのである。水面にはカモ類が多く、それも何種類か来る。遠くで見るとあまりわからないが、双眼鏡でよく見ると、カモ類の羽は、複雑な色が折り重なっており、美しい。また、ジョウビタキなどのきれいなヒタキ類の小鳥に出会うこともある。ジョウビタキは、スズメくらいの小さな鳥であり、体形も似ているが、そのクリッとした眼や羽の色合いが美しい。

海に近い下流部も野鳥は豊富だ。六郷橋と大師橋との間、六郷水門辺りの東京側の河原は、干潟やアシ原があり、水辺の野鳥が多い。初冬に訪れたときには、干潟にユリカモメ、オナガカモが何十羽と集まっていて、私には珍しいバンやセイタカシギもたくさん見られ、感激したことがある。調布取水堰の付近も、冬には水辺の鳥が集まってくる。

このように河原を歩いて野鳥に出会うと、その姿も愛らしいが、自然が残っていることをうれしく感じる。野鳥は、自然状態のパラメーターだからだ。

セイタカシギ

探鳥会に参加し、見えていなかった自然を知る

日本野鳥の会が毎月開催している聖蹟桜ヶ丘から大栗川へ歩く探鳥会に参加した。野鳥の会は、こ

こ以外にも多摩川では、羽村堰、昭和堰、浅川合流点、京王多摩川から和泉多摩川、丸子橋などでも探鳥会を開催している。初めてバードウォッチングをしようという方には、おススメである。

参加してみて驚いたことは、「よく見つける」のである。担当のリーダー達が鳥を見つけてくれるのだが、私には気がつかないところにいる鳥を簡単に見つける。カモのような目立つものは、誰でも見つけられるが、50メートルくらい離れた河原の石の間に隠れているシギや100メートルくらい離れた木の枝にちょこんととまっているモズなどは、なかなか通常の肉眼では気がつかない。自分も、ある程度見つけられると思っていたが、まだまだ経験が足りないと思った。その見つけた鳥を、三脚で固定したフィールドスコープという望遠鏡の中に入れ、誰にでも見せてくれるので、初心者でも楽しめる。大きく拡大された野鳥の姿は、きれいで、愛らしく、心温まる。

さらに、感心したことは、飛んでいる鳥も双眼鏡で追いかけて見分けるのである。黒い点のように飛んでいる鳥を双眼鏡で見て、「あ、あれ、コシアカ、コシアカ」というのである。最初は何のことか、わからなかった。私も試しに追いかけてみると、確かに腰の部分がオレンジ色をしている。コシアカツバメである。ツバメはツバメ、1種類だと思っていたが、いわゆるツバメ以外にも日本では2、3種類見られるようだ。

1月初旬のことであり、冬である。「こんな時期にコシアカがいるなんて、信じられない」と言っている。野鳥との出会いで、気候の変化、暖冬になっていることを感じとっているのだろう。ここにも温暖化の影響があるのだろうか？野鳥観察は、このような発見で、自然を間接的に見ている。野鳥との出会いは、気候も含めた自然環境の象徴でもある。

このように、次から次へと鳥を見つけ、何と2時間ちょっとで40種の野鳥に出会ったことになった。都会のすぐ近くのことである。

野鳥観察を長年してきた私も、今まで見えていない自然の世界を知り、充実した時間を過ごすことができた。

自然教室に参加する

自然に関する様々なイベントや講習会が行われている

多摩川は、楽しみながら学べる自然の教室にもなっている。

多摩川の特徴として、流域に多くの自然に関連する施設がある。主な施設としては、東京都の檜原都民の森、奥多摩体験の森、山のふるさと村、奥多摩ビジターセンター、奥多摩町の日原森林館、独立行政法人の多摩森林科学園などがあり、それぞれ自然に関するイベントを開催している。また、河川を管理する国土交通省の京浜河川事務所もイベントを推進している。その他にも各種団体によって、把握できないほど多摩川を利用してのイベントが行われている。

楽しそうな企画もある。アニマルウォッチング、林業の体験、探鳥会、カヌー教室、自然歩道を行く、水源林ウォーク、魚捕り、巨樹ウォッチング、多摩川源流教室、自然食教室、化石や石探し等々。特に官庁や自治体などが主催しているものは、内容が充実しているわりに、あまりお金もかからず、なかなかお得だ。いくつか私も参加している。

檜原都民の森では、豊かな自然を観察する様々なコースがある。私が参加した紅葉の観察会では、資料で紅葉について説明があった後、ハイキングコースに出て、実際の木を見せながら解説してくれた。紅葉のきれいな時期に行ったのでモミジの種類の多さ、色のあざやかさに感激するとともに、三頭山付近にある年数のたった朽ちた樹の姿にジーンときた。また、「ケヤキに、ニレハムシという虫がつき、枯れてきている」ということなど、土地の専門家しかわからない現実的な問題まで知ることが

紅葉観察会で巨樹を見上げる

できた。

都民の森では、そのほかにも三頭山登頂教室、写真ハイク、夜行性動物の観察、星空観察、バードウォッチング、ネイチャークラフトなど様々な観察会の自然教室があり、また、木材工芸センターでの木工教室も開催されている。

また、様々な子ども向けのイベントが開催されている。それは、自然について知りたいと思っている大人にもちょうどいい内容なので、子どもと一緒に楽しめる。なかなかひとりで出かけられないお父さんには、子どもの勉強という名目にもなり、出かけるいい機会になる。私にも、ちょうど小学校の息子もいるので、いくつかこのようなイベントに参加している。森林ふれあい教室「子ども樹木博士にチャレンジ」では、木について、東京都林業試験場の森林を歩きながら区別の仕方をわかりやすく教えてくれた。葉っぱを並べて、木の名前を当てる。パズル感覚で木を覚えることができる。子どももおもしろがって、覚えていたが、ついでに私もいくつかの種類の見分け方を知ることができた。

　多摩森林科学園でも、昆虫、キノコ、樹木の実、野鳥などのテーマ別に親子森林教室を行っている。私の参加したキノコ教室では、キノコとは何かから増え方、種類について解説してくれ、園内のキノコの観察もした。ふだんはあまり意識しないキノコだが、いろんな種類があり、食べられるものも多く、奥が深いものだと感じた。キノコ観察を趣味にしてもおもしろそうだ。ここでは、樹木の実教室にも参加した。その教室では、ドングリの種類やその発芽するための方法の多様性などについて説明を受けた。さらにマテバシイの実を使って、料理をして食べてみた。縄文時代は、木の実を食べていたそうだ。クッキーのように調理した木の実は、結構おいしかった。この多摩森林科学園では、森林講座として、森林総合研究所の様々な研究内容をわかりやすく解説してくれる少し専門的な講習会もある。

とてもためになった水源林の見学会

　それは「夏休み親子水道施設見学会」という名の、東京都水道局が開催するもので、妻が東京都の案内で見つけて、「行かない？」と聞いてきた。普通なら、施設見学会などは堅苦しそうで、関心を示さないが、多摩川の水源林なので、どんなところなのかと思って、「うん、行く」ということにした。

　河辺駅で集合し、バスで上流に向かう。バスの中で、水道局職員のガイドの方が説明やビデオを見せてくれる。

「多摩川は、東京の2割の水を供給している。8割は、利根川だが、どちらかが足りなくなると、相互に供給する水路がある」

「ふ〜ん」

「水は、水源林、ダム、浄水場、給水場を経て、家庭にやってくる。水源林も水を溜める役割をしている」

「そうですか」

水源を見る子ども達

「水源林は、東京都の面積の約35％ある。山の手線の内側の3倍」

「へぇ〜」

「以前は、伐採で水害があったので、1901年、東京都が樹を守るため森を買い、樹を植えて、水源林の維持活動を始めた」

「すばらしい」

「水源林には、水を蓄える水源かん養機能、水質浄化機能、土砂流出防止機能、二酸化炭素吸収機能がある」

「なるほど」

「水源林のうち、70％が天然林、30％が人工林」

「そんなに天然林が多い

んだ。」

「人工林は手入れが必要なので、一部は、天然林に変えようとしている」

子ども向けの説明だと思ったが、多摩川の水源林について、だんだんと自分も引き込まれ、意外なことを知った。大人にとってもためになるものだった。

そして、バスは、今日の目的地の柳沢峠へ到着。この付近に「ブナの道」と称したハイキングコースがあり、そこを歩く。本当に多摩川の奥の奥、期待感が高まる。峠では水道局の案内係の方が待っていた。

ハイキングコースに入る。天然のブナやミズナラなどさまざまな木がある気持ちいい道だ。案内の人が、森や木の特徴など、子ども向けにやさしく説明してくれる。

「ブナは、根をよく張るので地面の土を安定させてくれるよ」、「道以外のところの土を踏むと、スポンジのようにふかふかしているでしょう。古い葉が幾重にも積み重なっているからだよ。ここに水が蓄えられるんだ」、「あの木は、リョウブだけど、木の表面が剥がれているでしょう。鹿がリョウブの皮が好きで、食べたからだよ」、「鳥の巣箱は、水道局でつけているよ。半分くらいは入る。野鳥は、害虫を食べてくれるので、森を守ってくれるんだ」、「サワグルミの実は、少し渋いが、食べられるよ」、「この辺のクリは、ヤマグリなので、直径2センチくらいと小さいけど、おいしいよ」などなど。

この案内の人たちは、普段は、仕事でこのような道を巡視しており、道の障害物を取り除いたりするという。水源林の森やハイキングの道は、この人たちに守られているわけだ。

途中、道は沢筋に降り、水が流れ出しているところを見る。多摩川の水源の1つだ。水が流れ出したばかしのサラサラした浅い流れに、子どもたちは、大喜び。冷たい水を手にすくって遊んでいた。

あいにくの曇り空で展望はよくなかったが、すがすがしい森のハイキングだった。説明を受けながら歩き、途中昼食もとって、2時間くらいの道のり。あまり急坂もなく家族連れにもいい路だ。

帰りのバスでも説明があった。その話の中で、印象的だったのは、奥多摩湖の小河内ダムが、「永久ダム」と呼ばれているということだ。他のダムは、土砂が流れ込み、だんだん浅くなるが、ここは、水源林がバックにあるので、土砂がほとんど入らない。他の川では、せっかくダムや堰堤を作っても、土砂が入って浅くなり、ダムとして機能しなくなったので、また上流にダムを作るということが行われている。自然破壊がどんどん山奥に侵食していくのだ。

　そういえば、私が20年ほど前から何度か行った南アルプスの天竜川の支流は、まさにそうだと思う。南アルプスの３０００メートル級の山の麓にある川で、多摩川上流よりも、もっともっと山奥なのに、ダムのような立派な堰堤がある。しかし、何年かたって行ってみると、土砂で埋まり浅くなったのか、さらにその奥に堰堤を作っていた。本当に「こんな奥まで」と思うくらいのところだ。それを防いでいる多摩川の水源林はすばらしいと感心する。

　自然観察会は、自然の楽しさや仕組み、接し方を教えてくれる。自然のことは本ではなかなかわからない。自然のことがわかると、ますます自然観察がおもしろくなる。このような教室が開かれていることは、とてもありがたい。

　多摩川は、たくさんの自然教室が開催されており、自然についての学校にもなっている。

柳沢峠ブナの道

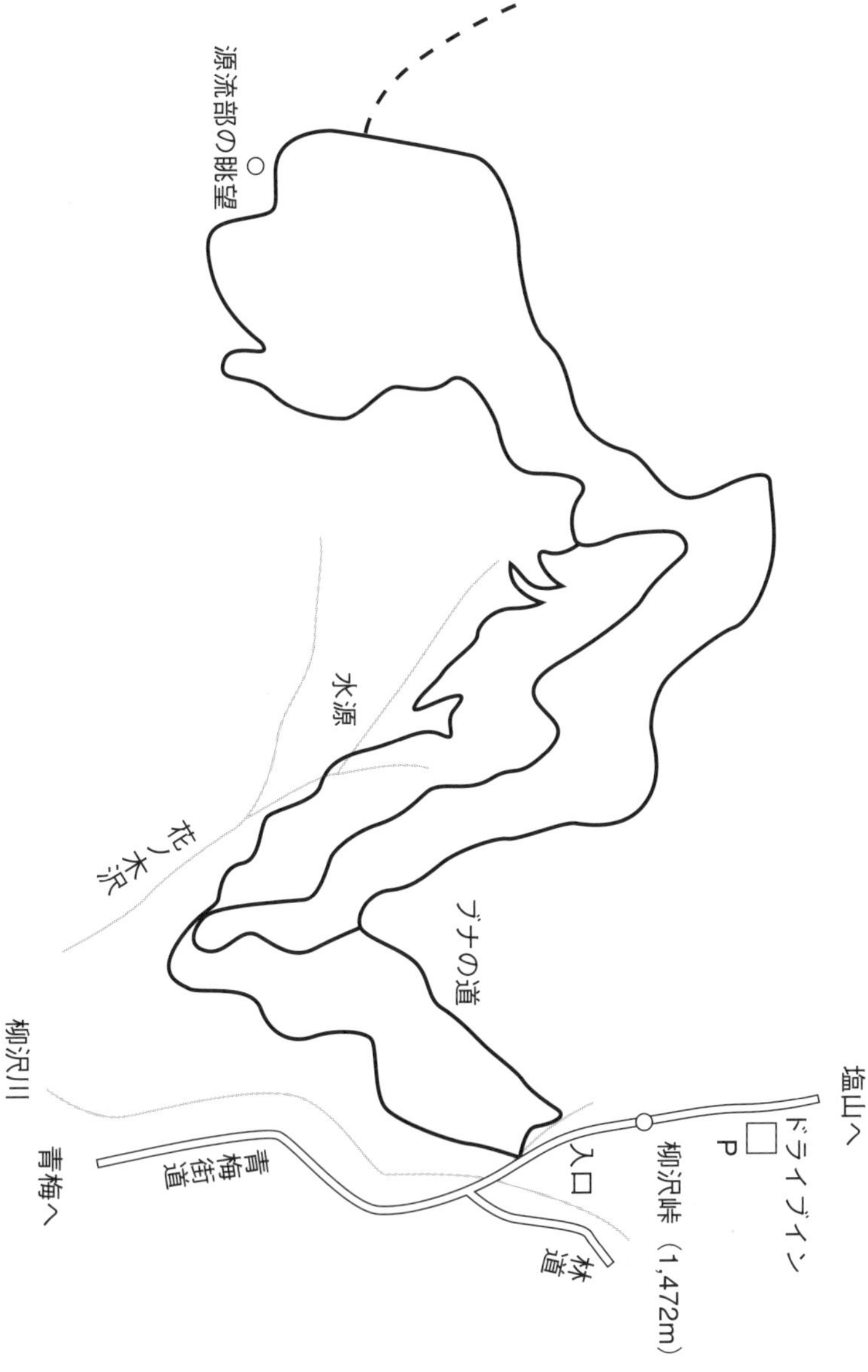
源流部の眺望
水源
花ノ木沢
ブナの道
柳沢川
青梅へ
青梅街道
入口
林道
柳沢峠（1,472m）
ドライブイン
P
塩山へ

残された里山の自然観察

横沢入の観察会に親子で参加

里山の自然観察会に参加し、思い出に残る生き物体験をした。

秋のある日、偶然にも、息子が入っている科学クラブの観察会が、横沢入で行われるというので、息子と一緒に参加した。五日市付近の横沢入は、前から行きたいと思っていたところだからだ。

この横沢入は、観光地でもなく、特にこれといった名所旧跡、特別な地形があるわけではない。むしろ自然以外は何もない野山だ。最近、自然派には、このような何でもない「里山」が注目されているらしく、里山をテーマとした本もいくつか出版されている。

里山は、山の麓に雑木林が広がり、その間に、小川が流れていたり、田んぼがあったりという、いわゆる昔からある人と自然がふれあう田舎の田園地帯のことである。いろんな要素が混ざり合うので、多様な動植物が住み、自然豊かな環境である。この里山は、昔は当たり前の風景であったが、今はずいぶん減ってきている。その中で「東京に残された最後の里山」といわれているのが横沢入だ。どんなところか行ってみたかった。

待ち合わせの武蔵増戸駅で、科学クラブの先生と今回の観察会の講師として来られたクモの専門家、数名の参加者と会う。講師の方は、様々な道具を入れたベストを着ており、ポケットはどれもいっぱい。さすがに専門家だと感じられる。駅前の木で、早くもクモを観察している。

出発すると、横沢入への道を歩きながら、科学クラブの先生がいろいろと昆虫の話をしてくれる。その中で、特に「えっ」と思ったのは、カメムシの話である。通り

横沢入の風景

道沿いの庭の植木にいるカメムシを見ながら、「最近、温暖なところにいるはずの南方の種が増えているんですよ」という。それを聞いて私は、「え〜、それは野鳥も同じですよ」と、1月の多摩川探鳥会で、冬にはいないハズのコシアカツバメを見たことの話をする。

「鳥も昆虫も同じですね」とお互いに納得する。が、これは大変な問題だ。

動物は、環境の変化に敏感。鳥も昆虫も同じように、暖かいところの種が東京付近に増えているということは、温暖化の影響が出ているということだ。すると、この2種だけではないはずだ。奥多摩の山で鹿が増え、鹿害が発生していることも温暖化の影響ともいわれている。意外なところで人間へも重大な影響が出てくるかもしれない。

このグループはいろんなところで立ち止まり、虫を探す。目的地の横沢入は、いつ着くのかと思うくらいだ。家の塀や垣根を覗いたり、家の間の用水路沿いの草地を見たりして、虫を探す。昆虫観察は、こうするものなのかと感心する。普段我々の気がつかないところで、よく見つける。実際に、家の間の草地で、珍しいそうなチョウやクモを見つけていた。

　横沢入に行く前に、大悲願寺というお寺の境内の中に入ってもアチコチで虫を探す。クモなどいそうのない石灯篭で、2~3種類のクモを見つけたことにまずびっくり。捕まえたクモを、ルーペで見させてもらうと、意外にきれい。プックリした身体がかわいくも見える。クモというと、どちらかというと、気持ち悪いというイメージがある虫だが、拡大して見ると、こんなカラフルで愛嬌のある姿だとは思わなかった。

　このお寺では、ムササビも出るという。先生の話では、高い木の上のほうから降りてきたところを見たことがあるとのこと。

　お寺をひと通り見ると、横沢入に向かう。線路沿いの道から山側に曲がっていくと、だんだん家が少なくなる。横沢入の入口付近にくると「わ~っ」と思うほど気持ちいい風景が広がる。人家がなくなり、自然に生えた草木に覆われた丘と草地、サラサラ流れる小川。その中を1本の砂利道が通る。このような何でもない風景だが、気が休まる景色だ。この小川も、秋川から多摩川となる。

　講師の方が、クモについて、見つけては解説してくれる。特に、驚いたのは、その種類の多さ。いろんな場所で、様々なクモを発見する。そのクモたちは、生きるためにそれぞれの工夫をしている。普通に思い浮かぶ、大きな巣を張って、飛んできた虫を食べるというだけでないのである。バッタをとるために低い位置に小さな巣を張るクモ。アンテナのように、糸を木の表面に張り、虫が通過したら捕まえるというクモ。巣を張らないで、岩の上を歩き回るクモ。聞いた話では、クモは、全国で１３００種以上もいる。そのうち、１３０種がここで発見されたという。野鳥が日本で約５００種が確認されているが、その倍以上もいて、しかも発見されていない種も多いのではという話を聞き、生き物の多様性のすごさを感じた。

　この場所にクモがたくさんいるのは、エサとなる虫が多いためだ。そのことを示すように、他の昆虫も多く見られた。特に、バッタ類の多さが目立ち、草の中を見ると点々といる。そのためか、目の前でバッタがクモの巣にかかったのを見ることができた。バッタがかかるとクモがすぐ寄ってきて、クモの糸でぐるぐる巻きにする。そして動けないようにすると、あとでゆっくり食べるのか、また、元いた場所に戻り、ジッとしている。黄色と黒の縞模様がきれいなナガコガネグモという種類だ。初めて見るこの光景に、昆虫の世界のすさまじさを感じる。

バッタが多いと、それを食べるカマキリもいた。オオカマキリが、1メートルくらいの中に3匹いるのを見たときには、びっくり。

観察会で学んだ豊かな生態系

野鳥も多かった。わずかな間に、モズやアオジ、ジョウビタキなど東京では、比較的珍しい野鳥に会えた。どれも、昆虫を食べる鳥。クモやカマキリと同じだ。野鳥は、クモやカマキリも食べる。虫が多いと野鳥も集まるということだ。

また、途中の案内板には、ここに住む動物が書いてあった。それによると、哺乳類ではキツネ、ムササビ、ノウサギ、鳥類では、オオタカ、フクロウ、カワセミ、昆虫類では、ゲンジボタル、オオムラサキ、両性類では、サンショウウオ、シュレールゲルアオガエルなどが生息するという。都内東京近郊で、キツネやウサギ、フクロウがいるのも珍しいが、オオタカやオオムラサキは、絶滅危機のある生物を指定するレッドデータブック

ナカコガネグモ

キタテハ

にも載っているほどだ。また、オオムラサキは、日本の国チョウでもあるきれいなチョウ。シュレーゲルアオガエルは、鳴き声が「キリリリリリ」ときれいに響く、3～4センチの小型のカエルだ。動物観察には大変興味深い所だ。

　昼休みの先生方の話しでは、ここに大規模団地を開発する計画があったとのことである。それを、自然保護団体などの反対運動で中止させたらしい。このような自然が残ったのも、団地開発を止めた人の力。都会近く東京近辺で、このような自然を残す活動が行われ、その成果がわずかでもあることが、救いのように感じる。

　家に帰って、息子に感想を聞いてみた。

「観察会、どうだった？」

「うん。おもしろかった」

「何が？」

「変わった植物があったのがおもしろかった」

　意外な答えだった。そういえば息子は、草や実を一生懸命探していた。押すと種が飛び出る小さいサヤエンドウのような草の実や、ピンク色がかった水木の実のような枝の先が分かれる奇妙な形の植物、服につく草の実などを見つけて得意になっていた。

「あ～、そうか」と思って、私から、いった。

「植物も豊富だったんだね。だから、虫もいろんな種類がいたんだ」

　虫が多いのは、自然の環境を残し、勝手に草木が生えていること。自然の草木のままにしておくと、いつのまにか、このような豊か生態系が生まれるということ。それを、つくづくと感じた一日だった。

走る

青梅マラソンに参加する

線状の川沿いは「走る」趣味の格好の舞台

川沿いには道があることが多いが、多摩川も青梅付近から上流は、青梅街道がほとんど川の北岸を走っている。古里《こり》までは、南岸に吉野街道も並行している。中流域から下流にもたいてい川沿いに道がある。川沿いの道は、十字の交差点や信号が少ないので、比較的走りやすい。そして、橋などで位置がわかりやすいので、走ったという距離感もつかみやすく、適度な曲線があるので、走るのにもおもしろい。また、羽村から河口までは、土手の上や河川敷にサイクリングロードが設けられているので、こちらは、自転車や人には、もっと走りやすい。

奥多摩湖から上流の道は、通行量が少なく、ドライブも楽しい。山間を走る道は、信号や住宅もほとんどなく、適度なカーブが連続するいわゆるワインディングロードで、運転好きのドライバーには、楽しい道だ。バイクのツーリングにもいいようで、休日には、結構、走っている。五日市方面へ奥多摩周遊道路を利用して、グルッと回る山越えのコースもあり、観光にもいい。

「走る」趣味の代表的なものは、ランニングとサイクリングだろう。ドライブやバイクは、化石燃料の力で走るが、こちらは、人力だ。環境にやさしい。多摩川でも、青梅から先の青梅街道や羽村から下流のサイクリングコースに行くと、ランニング、サイクリングをする人が多い。ランニングについては、多摩川沿いでも大会がいくつか開かれている。府中付近のサイクリングコースでは、ハーフマラソンなどの大会が行われる。多摩川を

スタート地点、高橋尚子さんがスターターをつとめた

見ながら快適な走りができる。

有名な大会は、青梅付近の青梅街道で開催される青梅マラソンだ。マラソンといっても、42・195キロではなく、30キロの距離。10キロとジュニアの部門もある。毎年2月に開催され、1万3000人から1万5000人ほど参加する。沿道の観衆も多く、8万人近く集まった年もある。臨時列車が運転されるくらいだ。この大会は、多摩川では最も参加人数が多いイベントの1つではないかと思う。このところ、長嶋元監督がスターターを務めたり、オリンピック金メダリストが参加したりと、話題も多い大会である。30キロのコースは、河辺駅前からスタートし、青梅の街を過ぎ、多摩川沿いをズーッと走り、御岳の先、川井辺り

川井駅前を走るランナー

まで行き、同じ道を戻ってくる。片道約15キロの道のりを往復する。

青梅マラソンで多摩川沿いを走る

その青梅マラソンに参加した。

ランナーや見物客が集まる河辺の駅前やスタート地点付近には、たくさんの出店が並ぶ。お祭りだ。参加者は、駅近くの校庭で、ゼッケンや案内、参加賞のTシャツをもらう。次に、体育館などで着替える。体育館は混んでいるので、荷物預かりの店や道路沿いなどで着替える人もいる。そして、スタートが近づくと、奥多摩街道に出て、スタートラインに並ぶ。並ぶといっても、片側一車線の道に1万人以上も並ぶので、その長さは1キロくらいになる。並ぶ順番は、自己申告の予想時間らしく、私は、いつも後ろの方だ。後ろの方ではスタートの合図は聞こえない。スピーカに流れるアナウンサーの声でスタートしたことがわかり、前の人が走り出してやっと自分のスタートとなる。ゆっくり走り、スタート地点へ着くまでに、5、6分くらいかかる。

2002年の大会から3年間、長島茂雄氏がスターターを務めた。スタート地点を通り過ぎるとき、どっしりとした風格の身体で、ニコニコと手を振る姿を見ると、ありがたくなり、気分も盛り上がる。

走り出すとすぐに奥多摩街道から青梅街道に入り、青梅の中心街を駆け抜ける。青梅の街は、お祭り騒ぎ。沿道をズラッと人が並び、声援を送ってくれる。「帰ってこ～いよ」を流すレコード店もある。

青梅の街を抜けると、ときどき多摩川を垣間見て走る。青緑に澄んだ水がとてもきれいに写る。そして、ゆったりとした上り坂が続く。右側は大体山の斜面が近く、すぐ上を青梅線が走っている。街道沿いなので、家やお店が並び、おみやげもの屋なども見える。

家のない自然の中を走ったかと思えば、また家並みになる。集落と自然が交互に現れる地域だ。この辺は昔ながらの家も多く、長年この地に暮らしていたと思われるおばあちゃんや車椅子の方などが、声援してくれる。奥多摩名物のお菓子屋さんの前では、大小の太鼓が40～50個くらい並び、山にこだまするくらいドンドコドンドコと響かせてくれている。結婚式場では、ウェディングドレスを着た何人かの美女が手を振ってくれる。その美女の差し出す手にタッチしていくランナーも多い。このような周りの光景が楽しく、しばらくは疲れもなく、スイスイと走れる。

走るのが遅い私は、まもなく折り返してきた先頭集団とすれ違うようになる。速い人は、1時間半くらいで30キロを走るが、私は、3時間オーバーなので倍の速さで走っている。この大会では、毎年、有名な選手を招待している。私の参加した2001年の大会には高橋尚子選手が、2004年には、野口みずき選手が参加した。高橋選手は2006年には、スタータ－もつとめた。ともにオリンピック金メダリスト。走りながら、「まだか、まだか」と楽しみにして走る。先頭付近の彼女たちは、もちろん速く、見えてから数秒もしないうちにすれ違っていく。

御岳駅を過ぎると、管理釣り場のフィッシングセンターも見える。そして、山も近くなってくる。このような山間を川の流れを見ながら走ることは、自然の中に自分が入っていくようで、気持ちがいい。道路は相変わらず、混んだ駅のホームのような人だかりが続くが、周りを囲む山々はひっそりとしている。それが対照的だ。山の上から、カラフルなウェアをまとった人の群れが長く続いている道路を見ると、さぞ異様な光景だろう。

　そして、しばらく、ゆったりした上り坂が続く。苦しいところだ。それを何とか耐え、川井駅を過ぎると折り返し点。上りが終わり、少しホッとする。それからはしばらくゆるい下り坂だ。やはり下りだと、楽になる。よくこんなに長い間上り坂を上ってきたものだと思う。

　私の場合、20キロを過ぎた辺りから、足が重くなる。エネルギーも消費しているので、空腹感も出てくる。そんなときに、非常にありがたいのが、沿道の人の差し入れだ。たくさんの人が、沿道に立ち、手を差し出して、氷砂糖、飴、チョコレート、バナナ、レモン、オレンジ、氷、スポーツドリンク、青梅名物の梅干などを渡そうとしてくれる。エネルギーを消耗しきった身体には、とてもありがたい。一粒の飴でも、身体に力が蘇るのを感じる。

　制限時間が、ゴールで3時間半と決まっており、途中に何箇所か、関門がある。例えば、15キロには1時間55分までのように、一定時間を過ぎた人は、止められ、バスか電車でスタート地点に戻ることになる。そうならないように、つらいのを我慢し、できるだけ速度を維持する。

　後半にもところどころ短い上り坂があり、疲れた身体には、とても苦しくつらい。歩いている人も結構いる。そして、やっと坂がなくなると青梅の街に戻り、最後の4キロくらいは商店街の中を走る。見物客も多く、目立つランナーには「おじさん、がんばれ」など、声援も多いところ。「すてきなお兄さん頑張れ！」という声援もある。もちろん私にではないが。そんな中、ラストスパートで頑張りたいところだが、そろそろ限界に近い状況。いつも脚がつりそうになったり、棒のようになったりで、脚が前に出なくなってしまう。

　沿道からの声援で、「頑張れ、頑張れ」を何度も聞くが、「頑張るということは、耐えること」ではないかと思う時間帯だ。

　最後の1キロは長い。「あと信号3つ」との声援も、その3つの信号がとても遠くに見え、息もたえだえだ。

　そしてそして、やっとゴール。安堵の気持ちですぐに座りたくなるが、いろいろな作業がある。ゼッケンについている時間計測用のタグを外し、完走証を取りに行き、おにぎりや飲み物をもらい、それでやっと体育館へ戻って、座れる。心は、「ヤッター」という気分に浸っているが、身体はガタガタ。つりそうな脚では、床に座るのもスムーズにはいかない。

やっと腰を下ろすと、しばらく、食べたり、飲んだり、足をもんだり。その後、ゆっくりと着替える。徐々に落ち着いてくると、疲れた身体に、身体全体がスーッとするすがすがしい満足感が満ち溢れる。このマラソンの満足感は、30キロ走ったという達成感と青梅マラソンならではの周りとのふれあいから生まれる。自然の環境や沿道の住民とのふれあい。奥多摩の緑の中で変化ある道を走る気持ち良さ、沿道の人々からのとても暖かい声援や差し入れが、いい思い出となって残る。

そして、自分にとっても、多摩川沿いの一本の道を舞台として、思いっきり走ることで、身体の限界にチャレンジできる。人間って、もともとは走ったり、歩き回ったりしていた動物。本能的に自然の中を、走る、歩くは、気持ちがいい。都会に住んでいると、それを忘れているかもしれないが。

河辺駅前のゴール地点、ようやくゴール

サイクリングで中流域から河口へ

羽村から河口まで続くサイクリングコースを「走る」

目の前に突然、ジャンボ機が飛び立った。河口近くまで走ってきて、サイクリングロードの先を、轟音は発しながら飛び立つ巨体が見える。「スゴイ」。左側に、広くなった多摩川を挟み、羽田空港が見える。川には、貨物船も走る。右側は、大きな工場がある。普段見ている多摩川とは、別世界だ。

秋のある日に、羽村から河口まで久しぶりに長距離のサイクリングにチャレンジした。

私は、学生時代にサイクリングに夢中になった時期があり、遠出もよくした。学生時代の短い期間であったが、そのときのサイクリング用自転車は捨てられずに、長い間、保管しておいた。ガタガタになった組み立て式の自転車だが、数年前に、再生し、ときどき乗っている。30年ものの中古車だが、昔フレームを買った自転車店に頼んだら、見違えるようにしてくれた。その愛車で、多摩川に輪行した。輪行とは、自転車を分解して輪行バックという袋に入れ、電車やバスなどで遠くへ運び、目的地で組み立て、サイクリングをする方法だ。自転車の場合、自宅から遠方地に走っていくと、どうしても時間がかかる。輪行は、公共交通機関を使って遠方地へ自転車と一緒に行けるので、近所を走る必要がない。遠出をするのに便利な方法だ。

久しぶりに輪行をするので、自転車を入れる輪行バックが必要になった。なかなか専門の自転車店に行く時間がないので、インターネットで輪行バックを購入し、準備完了。

輪行バックを担ぎ、駅に着く。

羽村付近のサイクリングコース

最近は、駅にエレベーターやエスカレーターが増え、重い自転車を担いで階段を登り降りすることも少なくなり、昔より輪行が楽になったと感じながら、目的地の羽村駅に到着。駅前で自転車を組み立てて、出発。駅から、羽村市水上公園を過ぎ、羽村の堰堤の上流側に降りる。川沿いに出ると、上流に向かって700メートルと表示があるサイクリングコースがある。いったんそのサイクリングコースに入り、上流に向かい、そのコースのスタート地点まで行くことにする。そのスタート地点が、今回のサイクリングの最上流の場所となる。

　スタート地点で、河原に出ようと砂利道に入ると、ジョウビタキが雑木林の樹の上で、出迎える。東京では珍しい鳥だ。「自然が残っているんだ」とうれしくなる。河原に降りてみると、この付近の川は、すぐ近くに丘が迫っており、さらさらときれいな水が流れている。すっきりした空気、秋の青空とともに、周りの環境全体が、すがすがしい。ちょうど、この羽村堰堤付近が上流域と中流域の境界だ。今日は、これから下って河口まで走っていく。河口付近は、どのようになっているのか興味と期

羽村付近の河原と愛車

待がふくらむ。

いよいよ河口へ向けて出発だ。愛車は、幅が2メートルほどの障害物のないサイクリングコースを快適に走る。軽いフレームでできたスポーツ用の自転車、それも自分の体型に合ったものは、「スーッと」走る。自分の脚の力が、素直にスピードに変わることがとても「いい感じ」だ。また、自転車は、河原に降りるような細い道も入っていけるのもいい。おもしろそうなところがあれば、駐車場を心配することなく、寄り道ができる。時速20キロくらい出るので、平坦な道で信号が少なければ1日で100キロくらい走れる。この長距離をが走れるということも達成感につながる。ロードレーサーなどもっと高速な自転車なら、さらに長い距離を走れる。

この多摩川のサイクリングコースは、羽村付近から55キロほどある。久しぶりの私でも、速ければ時速20キロくらいで走れるので、寄り道や疲れで時間がかかっても、4、5時間あれば着くだろうと思い、10時半頃のスタートだ。

羽村堰堤の上流のサイクリングコースを走りながら川を眺めると、河川敷は運動公園になっており、対岸には羽村郷土博物館が見える。この博物館裏側の丘は、羽村草花丘陵自然公園と名づけられたハイキングコースになっている。名前のとおり、野草で有名らしく、以前、私が訪れた春には、20~30人の野草観察の団体に出会った。また、丘の上からの川や街の眺めもよく、野鳥も多い。川ではヤマメも釣れるようで、尺級の見事な魚体をフラシに入れている人がいた。

羽村の堰堤付近まで来ると、サイクリングコースがいったんなくなり、一般道路に出る。そこに、「多摩川左岸　海から54㎞」と標識がある。この標識が、河口まで続いている。

羽村の堰堤に近づく。ここが、多摩川の上流と中流の境界とされている。また、この堰堤で、水が分離され、半分くらいの水は、玉川上水に流れ込む。この水の多くは、途中、村山貯水池、いわゆる多摩湖に取水され、東大和付近から東村山浄水場を経て東京の飲料水になる。

玉川上水は、今から350年ほど前の江戸時代に、江戸の水不足を解消するために作られたもので、おかげで今の東京の暮らしがある。当時は原野だった武蔵野に、43キロほどの水路を切り開いたが、大変な工事だったらしい。その水が、長い間東京を支えてきた。現

羽村堰堤の玉川上水取水口

公園のベンチに座る年輩のご夫婦

在も人々のノドを潤しているほか、日本の産業を支えるオフィスや工場にも来ている。

「我が家の水も、ここから来るのかな？」と頭をかすめる。

さらに家庭で使われた水は汚水となるが、それも下水道ネットワークに入り、下水処理場で人工的にきれいにされ、結果的に、また多摩川に放水される。

羽村堰堤のすぐ下、玉川上水と多摩川の間に小さい公園があり、玉川上水を作ったという玉川兄弟の像がある。その公園から、河口へのサイクリングコースが始まる。サイクリングコースに入ると、周囲に自然が多く残っており、快適な気分で走れる。

公園が多いが、全くの自然をそのままにしてある箇所も多い。「マムシ注意」の看板もあるくらいだ。雰囲気のいい公園も多く、雑木林で囲まれた福生緑地では、老夫婦らしきカップルが公園のベンチに座っていた。そういえば、若いカップルはこれでもかというほど見かけるが、年配のカップルが、仲良く、ベンチに座っている姿はあまり見ない。静かな林の中の公園で川を眺めている二人が、何か新鮮で、このような光景が増えるのが平和なのだろうなと思ったりもする。

遊び、学び、癒される場

海から50キロ地点、ちょうどＪＲ五日市線の鉄橋付近を過ぎた辺りから、対岸の丘が遠くなり、平地に出たような雰囲気になる。この

あきしま水辺の楽校のワンド

付近の対岸で、秋川が合流する。

JR八高線の橋の少し上流に河原に木道があるところを見つけた。「何だろう」と思って、近づいてみる。自転車なので、河原へ入っていける。水が小さい入り江のように溜まって、湿原地帯にあるような木道がその上を渡っている。自然味がありなかなかいい雰囲気だ。しかし、「どうしてこのようになっているのだろうか」と思いながら自転車で一周する。子どもが水遊びをすると、喜びそうなところである。サイクリングコースに戻ると、看板があり、わかった。「あきしま水辺の楽校」と書いてある。「子どもも大人も多摩川の自然の中で、遊び、学び、癒される場とします」という。そのために、大池や小池、ワンドを作ったということだ。行政と地域の人たちの力で、人工的に自然環境に戻したものだ。なかなかいいことをすると思った。春や夏には、生き物もたくさんいそうで、地形もおもしろく、自然観察や自然体験にはうってつけの場所のようだ。

八高線の鉄橋を過ぎると、親子が化石を発掘していた牛群地形の地点だ。この地形は、八高線の下

多摩大橋下の牛群地形

だけではなく、しばらく続く。川から突き出た岩や対岸の岩盤の岸辺が奇妙で、観光地になってもおかしくないくらいいい景色だと思う。

途中、残堀川が合流する辺りで、サイクリングコースはいったん途切れ、一般道を走る。そして、中央高速道路付近からまた始まる。

ここからは、府中や調布、登戸と、私の自宅から近く、よく来る場所だ。ガサガサをした程久保川の合流点、野鳥観察によく来た大栗川付近、子どもの頃から何度か釣りをした是政橋など、どんどん過ぎる。府中の付近は、競馬場や競艇場があるが、対岸にはハイテクの工場があったりもする。多摩川には、このようにギャンブル施設も多いほか、コンピューター関連メーカーなどの研究所や工場も点々とある。ギャンブル、ハイテクと周辺は賑やかになってくる。そのため、府中付近から川崎まで並行して走るJR南武線は、「ギャンブル路線」や「ハイテク路線」と呼ばれることもある。

海から30キロほどの地点では、多摩川を模した施設のある多摩川親水公園を横に見ながら走る。京王相模線を過ぎると、対岸にボート乗り場がある。この辺の川は堰堤でせき止められ沼のようになっており、カヌーやウィンドサーフ

狛江の五本松

ィンも見かける。近くには、競輪場もある。そして、二ヶ領上河原堰に来る。この堰堤の下の草場では、息子とガサガサをし、魚がたくさん捕れた思い出がある。そこを過ぎると、時代劇の舞台のような風流な場所が見えてくる。狛江の五本松と呼ばれる場所で、何本かの高い松の木があり、のんびりするのに良さそうな雰囲気だ。

二ヶ領宿河原堰の上流、登戸近くの多摩川水道橋付近は、釣りやバーベキュー、スポーツなどいつも賑わっているスポットである。ボートにも乗れる。そして、この堰堤の下では、化石取りをし、貝の化石と出会った。思い出ある場所が、どんどん通り過ぎていく。

海から19キロを過ぎた辺りからグランドの中を走り、そのうちサイクリングコースがはっきりしなくなる。グランドの脇を通って、しばらく進むと、目の前に東急田園都市線の橋があり、二子玉川の駅が見える。左から川が入り、右側に小さな丘のある場所に来る。人も多い。何だろうと思う。看板を見ると、「兵庫島」だ。入ってくる小川は、「野川」。野川は、国分寺付近から流れ出している川で、多摩東部の住宅地帯を流れる。周辺に野川公園などの自然豊かな公園がある貴重な水流だ。兵庫島は、昔は、文字通り、島だったらしいが、今は、陸続きで駅の近くの公園となっている。入り江があり、ちょっとした休息や水遊びにいいところだ。そのため、今日も人が多い。駅のすぐ前にあるので、都会のオアシスとなっているのだろう。

　ここの案内板によると、今まで走ってきた多摩川の左岸には、この先サイクリングコースの線がなく、対岸にははっきりと地図に載っているので、二子橋で右岸、すなわち、川の南西側に渡る。渡るときに、橋の上から、水面をしげしげと見てみるが、特に汚くはない。

様々に活用される多摩川河川敷

　この辺を走っていると多摩川の河川敷は、本当にいろいろと人のために活用されていると思う。野球場やサッカー場、テニスコート、ゴルフ練習場など、特定な目的なものが多い。ただ、さすがに野生の自然を楽しむところは、狛江から下流では、あまり見られなくなってきた。

　二子橋から少し走り、新多摩川橋を過ぎた辺りに、河川敷に大きな木と細い水の流れがある公園があり、花もきれい。「せせらぎと親子広

兵庫島

せせらぎと親子広場

場」だ。この小川は幅が3メートルで長さが300メートルほどあるという。夏に子どもを遊ばせるにはいい公園のようだ。

また、花といえば、その先にも、河原に花がたくさん植えられている箇所がいくつかあった。看板を見ると、「ワイルドフラワー事業」と書いてある。後で調べたら川崎市が緑化大作戦の一環として進めているもので、「多摩川河川敷に野生の花が咲き乱れる野辺の風景を演出しようとするもの」とのこと。ポピーやコスモス、カスミソウなど沢山の草花が河川敷14箇所に植えられているらしい。

サイクリングコースは、土手の上を走ることが多いが、大体が、すぐその下に一般道路が走っている。この辺りでは、自動車の交通量が多いので、高い土手の上を走っていると、大勢の運転手に、見上げられているようだ。

河川敷は、ますます広くなってきた。その広い河川敷には、本格的なゴルフ場もある。海から15キロ付近で、珍しいものを発見。昔風の渡し船が川を渡るのが見える。数人しか乗れそうにない木製の単純な船だ。河川敷にテクテク歩いて行った2～3人の人を乗せ、船頭さんの操舵で、ゆるい流れの平らな水面を対岸に渡っていく。昔は、多摩川には「渡し」が39箇所ほどあったらしいが、今でもあるとは知らなかった。これは、観光用ではなく、業務用のようだ。調べて見ると、「東急ゴルフ場の渡し」といわれ、河川敷のゴルフ場と対岸の東京側のクラブハウスと

東急ゴルフ場の渡し舟

の間をゴルフ場のお客を運ぶものらしい。一般には乗船はできないが、風情がある光景だ。

さらに少し下流の東京側の丘の上には、多摩川台公園がある。多摩川台公園は、東京では珍しく古墳跡や古墳展示室がある公園だ。高台に何と10個の古墳があり、未発掘のものもある。雑木林、水生植物園、山野草の道などもあり、多摩川を俯瞰する眺めもよく、天気がよければ富士山も見える。高級住宅街、田園調布近くの緑の多い公園である。

そして公園の下には、調布取水堰がある。ここまでが中流とされており、堰堤の下が下流だという。この堰堤まで海水が入ってくる。上流、中流、下流の区分は、川の形態で行うらしいが、多摩川では、今日スタートした羽村付近、海から54キロの地点が上流と中流の境界、海から13キロほどのこの調布取水堰が中流と下流の境界。ということは、１３８キロの全長のうち、84キロが上流域、41キロが中流域、13キロが下流域となる。この数字から見ても、多摩川が急な流れであることを示している。確かにここを過ぎ、新幹線の鉄橋を過ぎた辺りから、川幅が広く、流れもわからなくなる。

ところで、この辺は、あのタマちゃんが、現れた場所である。平成14年8月のこと。丸子橋と新幹線の橋の間付近で発見されたアゴヒゲアザラシ。海水にのって魚を追いかけてきた珍しい訪問者だ。アザラシに好かれるとは、多摩川も捨てたものではない。

ガス橋を過ぎると、これまで見られなかったモータボートのような海にも行けそうな本格的な船が、岸辺に止まっている。また、高層マンションも目立つようになる。20階はあろうかという直線的なビルが、夕陽を浴びて鏡のように輝いている。近代的な風景だ。河川敷には、広い競馬場のコースのようなところもある。競走馬の訓練をするための川崎競馬練習場である。多摩川には、いろんな設備があるものだと思う。

川崎駅の付近に近づくと雰囲気がだんだん変わってくる。ビルが増えてきて、ビルの間を流れるようになる。また、土手の上にあるサイクリングコースを走っていると、土手の川寄りに、住宅などの建物があるところにくる。普通河川敷には、ちゃんとした家屋はないが、ここは、何軒も建っている。都市部では貴重な土地なので、少しでも利用しようということだろう。やがて、サイクリングコースは、だんだん細くなり、そして、なくなり、一般道に出て走ることになる。この辺は、川崎駅に近く、マンションが目立つが、かわさきテクノピ

調布取水堰附近

アなどハイテク企業の研究施設やオフィスもある。そんなビル街の中、自動車道の端を走る。

東海道線の橋を過ぎ、六郷橋の付近で、サイクリングコースは、また、明確になる。もう河口まで5キロくらい。すぐに川崎河港水門を通り過ぎる。白い石に彫刻が施された立派な水門だ。この付近まで来ると、周りは大きな工場ばかりだ。特段気になるほどではないが、何か空気が少し臭うように感じる。

少し走ると、「多摩川八景　多摩川の河口」という案内板がある。そこには、「羽田空港や工場、河原にせまる住宅といった人工環境と、ヨシの茂る中州、野鳥のむれ、干潟に遊ぶカニの姿などの自然環境とが調和し、多摩川の安らぎを感

高層マンションが輝く下流部の風景

河口近くの河原と羽田空港

じさせます。中州や大師橋付近に見られる汽水性植物の群落は、多摩川独特のものです。」とあり、この付近の地図や写真、動植物の絵が描かれている。「人工環境と自然環境との調和」とは、うまくこの付近を表した表現だ。ここだけでなく、都会の川、多摩川全体が、この人工環境と自然環境の調和が進められているように思える。

多摩川を巡り、河口付近まで来た。陸地側では、都会を象徴する高度な人工環境が続く。しかし、川側は、アシの群落がある河川敷となっている。最近のニュースで、このアシ原に、レッドデータブック絶滅危惧種の「アサクサノリ」が見つかったという。アサクサノリは干潟で生育する代表的なノリだが、今では国内8箇所でしか確認されていない。東京湾では絶滅したものと見られていたのでうれしいニュースだ。

河口から2キロくらいのところで、突然、目の前を轟音とともに、ジャンボ機が飛び立った。「うわっ～」とびっくり。何キロか先だが、その物体は、自然にはない轟音を発する特別な存在感がある。遠く対岸には、羽田空港も見えている。

河口へ向かって、「もう少しだ」という気持ちで、工場と多摩川の間を走る。私には、久しぶりの長距離のサイクリングだが、多摩川の道は、平坦で障害物も少なく、思ったほど疲れずに来ることができた。しかし、いろいろおもしろい場所があり、立ち寄っていたので、時間は思った以上にかかり、もう夕方4時半くらいになっていた。

対岸の羽田空港やモノレールが少し近づくと、サイクリングコースは、突然、1つの小さな建物の前で終わる。「多摩川河口水位観測所」と看板にある小さな建物が、コースをさえぎっている。そこが、河口原点だ。「着いた～」とうれしさがこみ上げる。身体全体がすがすがしい。

河口といっても、広大な海が見えるわけでもないのが、都会らしい。なくなったサイクリングコースの先には、水を挟んで工場が見える。運河を隔てて、島があるのである。この島は、フェリーターミナル、アクアラインの入り口がある浮島町だ。左側に見える多摩川の河口は、川幅が、数百メートルほどと、広くなっている。そこを貨物船も走り、対岸の羽田空港から飛行機が何分かごとに、飛び立っていく。この付近は、交通の要所でもある。

河川敷のわずかな草や土を除き、川の周りは人工物ばかり、それも、飛行機や工場など、文明の最先端なものも多い。特に轟音とともに飛び立っていく飛行機は、ハイテクの象徴だ。

水が好き、緑が好き、そして多摩川が好き

笠取山付近で岩盤から染み出す水滴、山中を清らかな水がサラサラ流れる水源近くの小沢、岸壁に囲まれ深淵な様相の激流地帯、広い河原をゆったりと流れる穏やかな中流地帯。ここで海のように動きのなくなった広い多摩川を見て

いると、上流の多摩川の姿が重なった。人工物が何も見えない笠取山から眺めた自然だけの源流部風景と、周辺が工場や飛行場と囲まれている河口周辺の人工的な風景が対照的だ。1つの川の始まりから終わりを見て、「ずいぶんと変化がある川だな〜」と思う。

目の前の風景が現代社会を象徴するもの。しかし、現代社会を支えているのは、今でも、天然林で覆われた山の中から染み出す「水」だ。笠取山で感じた「人の遊びも生活も、水がなければ始まらない」を改めて思いだす。水源の岩からしみ出す水滴を思い浮かべながら、飛び立つ飛行機を見て思う。「この飛行機は笠取山近くの上空を飛んでいくのかな」。

近くの案内板に「水が好き、緑

河口原点先にある浮島町の工場

河口原点

が好き、多摩川が好き　自然にやさしさ、多摩川に愛を」と書かれていた。「同感、同感」と納得する。意外にもこの付近は、特有の植物が見られ、野鳥や昆虫も多いらしい。多摩川生態系保持空間として、保護もされている。周りの景色は高度な人工環境だが、ささやかな自然環境が残っているようだ。また、残す努力が行われているらしい。そう信じたい。

多摩川河口を去ろうとしたとき、モズが工場の電線にとまって、尻尾を回しているのが目に入った。モズがいるということは、昆虫もたくさんいるということだ。

「こんなところでも、ちゃんと自然が残っているのだな」と思って、河口を後にした。

■多摩川八景と五十景

1984年のこと。都市河川である多摩川への関心を高めるなどの目的で、建設省（当時）が主催した多摩川写真コンテストに寄せられた写真を元に、多摩川五十景を選定した。その中から「あなたが選ぶ多摩川八景」というコンテストを主催し、住民投票と有識者によって、「多摩川らしい風景」として、多摩川八景を選定したという。選ばれた場所は、現代において「多摩川らしい風景」ということである。その選定された八景は、奥多摩湖、御岳渓谷、玉川上水、秋川渓谷、多摩大橋付近の河原、二子玉川兵庫島、多摩川台公園、多摩川の河口である。

この中で、多摩大橋付近の河原は、八高線下流の牛群地形のある付近のことだ。このほかに、五十景については、八景以外に上流から、一之瀬川と渓谷、丹波渓谷、白糸の滝、数馬峡、鳩の巣渓谷、梅郷と吉野峡、青梅水の公園、狭山池、小作堰付近、羽村取水堰、草花丘陵大澄山、福生かに坂公園付近、福生柳山公園付近、平井川於奈淵、五日市線と桜堤、睦橋付近、払沢の滝、秋川高月橋付近、昭和用水堰付近、滝山城址、滝山と水管橋、拝島橋と山なみ、日野用水堰付近、日野橋と立川公園、浅川平山橋、浅川合流点付近、府中の五本松、大栗川合流点付近、是政大丸用水堰、是政の多摩川、多摩川原橋の富士、二ヶ領用水、二ヶ領上河原堰、染地の多摩川、狛江の五本松、二ヶ領宿河原堰、二子緑地、高津せせらぎと親子広場、等々力渓谷、調布堰と黒松の林、丸子橋付近、六郷多摩川緑地だという。

■おわりに
—多摩川を遊んで自然環境について考える—

多摩川の近くで育った私は、子どもの頃から、この川で、ずいぶん楽しませてもらった。中流のフナ釣りに始まり、奥多摩の登山、サイクリングロードでのサイクリング、渓流でのヤマメ・イワナ釣り、河川敷でのバードウォッチング、川沿いのランニングなど、いろいろな遊びのフィールドになってくれた。

このような趣味で多摩川と接しているうちに、さらに新たなに発見や出会いが生まれた。天然林の樹木を見る、化石採り、ガサガサで魚を捕るなど、意外な楽しみもあることも知った。

そうはいっても、所詮サラリーマンなので、休日、それも時間のとれるときだけのふれあいでしかなく、まだまだ、未知の素晴らしい場所や楽しい遊びがあることだと思う。

このようにいろいろな遊びができる多摩川は、都会人にとって、何なのだろうか？　多摩川は、「人間の自然への欲求を発散させてくれるフィールド」であり、「疲れを癒してくれる都会のオアシス」であり、「自然環境を学ぶ教室」だと思っている。私が知っているだけでも、多摩川には驚くほど自然が残っている。そこで、昔から人間が持っている狩猟本能などの行動様式に基づく遊びができる。そして、元々暮らしていた自然環境の中に身を置き、リラックスすることもできる。また、様々な施設やイベントもあり、自然教室などで自然を楽しみながら学ぶことができる。

このように自然環境との接点の場として、多摩川は大きな価値があると思う。私は、多摩川の山や渓流で遊んでいるうち、興味が広がり、いつの間にか、川そのものや動物、森林など自然環境にも関心を持つようになった。

それは、1つには、「人が作ったもの」を楽しむのではないからだ。人が作ったもので遊んでも、所詮、その作った人を超えられない。作者の意図を楽しむだけで、それを超えた何かは得られない。今の世の中、テレビゲームなど人の作ったものでしか遊ばない子どもが増え、例えば、川でも、釣りをする子どもが少ないという社会現象になっている。自然を相手に遊ぶと、奥が深く、また、何があるかわからない。また、人間社会の価値観とは別の世界なので、「うまい、へた」、「儲かった、損した」といったことも関係なく、自分だけで楽しめばいい世界だ。

そして、もう1つは、元々人間が太古の時代から自然の中で育てられたからだ。人間は、人類が生まれてから数百万年のほとんどの時代、狩りをしたり採集したり遊んだりしてきた。そのため、本能的に自然の中で何かを達成すると、脳に快感物質を分泌し、すがすがしい気持よさを感じられるようになっているらしい。「生の魚を捕まえる」「川で泳ぐ」「自然の中を歩き回る」という当たり前のことで楽しい。ただ残念ながらそのほとんどが忘れられている。技術が発達した時代なので、やむを得ないとは思うが、自然の中での体験と、そこから生まれる自然を大事にしなければすするという意識は、できるだけ多くの人が持つべきものだと思う。

多摩川で野鳥や魚を見たり捕ったりしていると、都会の川にしては、それほど環境は悪くないと感じる。また、本で調べたデータやテレビの番組でもそうだ。ずいぶん自然が戻ってきている。中流でガサガサするために水に入っても気にならない。カワセミやアユなどいろんな野鳥や魚が復活してきている。象徴的なことは、タマちゃんが現れたことだろう。かつては、「死の川」といわれ、洗剤の白い泡もある川だったが、今はなくなり、少しはきれいな川に戻りつつある。

それは、自然を戻そうという行政や自然保護団体、市民などの活動が多く行われているからだろう。下水道の整備の効果は絶大だ。玉川上水で分かれて家庭に流れる上水は、結局は下水となって、地下に埋められた下水道ネットワークと水を浄化する下水処理場を経て多摩川に戻ってくる。この仕組みを作ったことが、川を救った最大の要因だろう。しかし、それ以外にも、例えば、水源林を守る活動も重要だ。水源林の維持活動は樹木の手入れなど様々の作業が必要である。そればかりか、鹿対策に木々にネットをつける、虫を食べる野鳥を増やすために巣箱をつけるなど意外な対策も行われている。この水源林のおかげで、洪水が少なく、安定した水が供給されている。他の川のダムが、だんだん土砂で埋まるという問題があるらしいが、多摩川の小河内ダムは、その心配がないので、「永久ダム」と呼ばれている。また、川の設備も重要だ。いくつもある堰堤やダムには、魚道が作られている。白丸ダムにある高さ27メートルを遡っていく、長い階段のような魚道を見たときは、よく造ったものだと感心した。そのほかにも、魚が遡りやすいように改良されている魚道もある。

これら行政が行う活動以外にも市民活動と連携した環境改善活動も行われている。例えば、小魚が住みやすいワンドを人工的に造ることが行われ、自然の環境に親しめる「水辺の楽校」も作られている。里山の横沢入を残せたというのも、自然保護団体や市民運動などの活動の成果である。里山で見た生態系の多様さは、これが元々の自然環境のすばらしさだと思った。

これらの様々な自然環境改善の活動成果は、下水道や魚道を作るという「技術」が発達したことが1つの要因である。しかし、市民運動でワンドを造るということは、環境への「意識」が高まった結果だろう。このように自然環境保護の意識が高まり、行政、市民一体となって、環境改善の努力が行われていることは、すばらしいことで、頭も下がる思いである。

多摩川は、上流域は、天然林が多い自然環境一色なのだが、下流になるほど住宅、工場など人工環境が増え、河口付近では、ほとんどが人工環境一色となる。しかし、このような努力によって、わずかな自然を大事にし、人工環境と自然環境を調和させようという活動が見られることがうれしい。自然環境の破壊が問題になっている中、これは少し明るいことだと感じた。多摩川だけでなく、地球の自然環境は、このように人の意識と技術によって救えるのではないかと期待を持った。

しかし、多摩川で自然環境に接していると、本当にちょっとした発見で、その裏には大きな自然環境の変化があることに気づかされる。私のわずかな経験の中でも、冬にコシアカツバメがいたこと、南方系のカメムシが増えていること、シカが越冬しやすくなり増えていることなどがある。これらは、全て温暖化の影響ではないかと思われる。多摩川の自然が回復していることは、喜ばしいことだが、もっと大きな地球規模の環境変化があるようだ。

温暖化の対策にしても、多摩川で行われた人工的な自然回復を地球規模で行えば、もしかしたら救えるかもしれない。技術が自然環境を破壊したが、自然環境を復活させられるのも技術だと思う。しかし、その技術を操る人間の意志が重要だ。

私のようなサラリーマンでは、できることは限られているだろう。しかし、誰とは限らず多くの人が、自然環境とのふれあいを通じ、その大切さを意識すれば、ずいぶん違ってくるのではないか。

身近な多摩川だって、豊かな自然を楽しむことができる。それを大切にしたい。

最後に、この本が生まれたのは、多くの方々のおかげです。特に、出版の機会を与えていただき、素晴らしい本に仕上げていただいた㈱けやき出版の交易場編集部長、山本次長には心から感謝しております。

参考文献

書名	筆者	出版社
多摩川ガイドブック	津波克明、片岡理智、清水克悦	けやき出版
多摩水べのあるくマップ		けやき出版
新多摩川誌	新多摩川誌編集委員会	山海堂
多摩川を歩く	佐藤秀明、中村文明　他	ＪＴＢ
こんなに楽しい多摩川散歩	立松和平、大塚高雄	講談社
水辺を歩こう多摩川ガイドブック＆ハンドブック	国土交通省京浜河川事務所	
奥多摩・高尾をあるく		るるぶ社
水のこころ誰に語らん	大島康行、小倉紀雄	リバーフロント整備センター
多摩川と源流の山々	久保田修	ネイチャーネットワーク
ガサガサ探検隊	中本賢	つり人社
つり人渓流フィールド　奥多摩		つり人社
多摩川の野鳥	津戸英守	講談社
山渓ハンディ図鑑　日本の野鳥	叶内拓哉、安部直哉、上田秀雄	山と渓谷社
日曜の地学 東京の自然をたずねて	大森昌衛	築地書館
ほか多数		

著者略歴

藤原　裕二（ふじわら　ゆうじ）

1953年、東京都三鷹市生まれ。高校時代に山岳部に入部し奥多摩の山々を歩きまわってから、渓流釣りやバードウォッチングなど自然の中での趣味を嗜好するようになる。大学時代には写真研究部に入り、風景などの写真を撮り歩く。東京工業大学大学院修了後、電機メーカにて情報システムのエンジニアに従事。日本自然保護協会自然観察指導員、日本野鳥の会会員、トトロのふるさと財団会員、日本技術士会会員、中小企業診断協会正会員、日本システムアナリスト協会正会員。著書に「システムアナリスト合格への道」（同友館）ほか。

多摩川あそび

平成18年5月6日発行

著　　者　藤原裕二
発 行 者　清水定
発　　行　株式会社けやき出版
〒190-0023　東京都立川市柴崎町3-9-6高野ビル
TEL042-525-9909　FAX042-524-7736
デザイン・DTP　有限会社桐原デザイン工房
印　　刷　株式会社平河工業社

ISBN4-87751-309-4 C0076